clearing the clutter

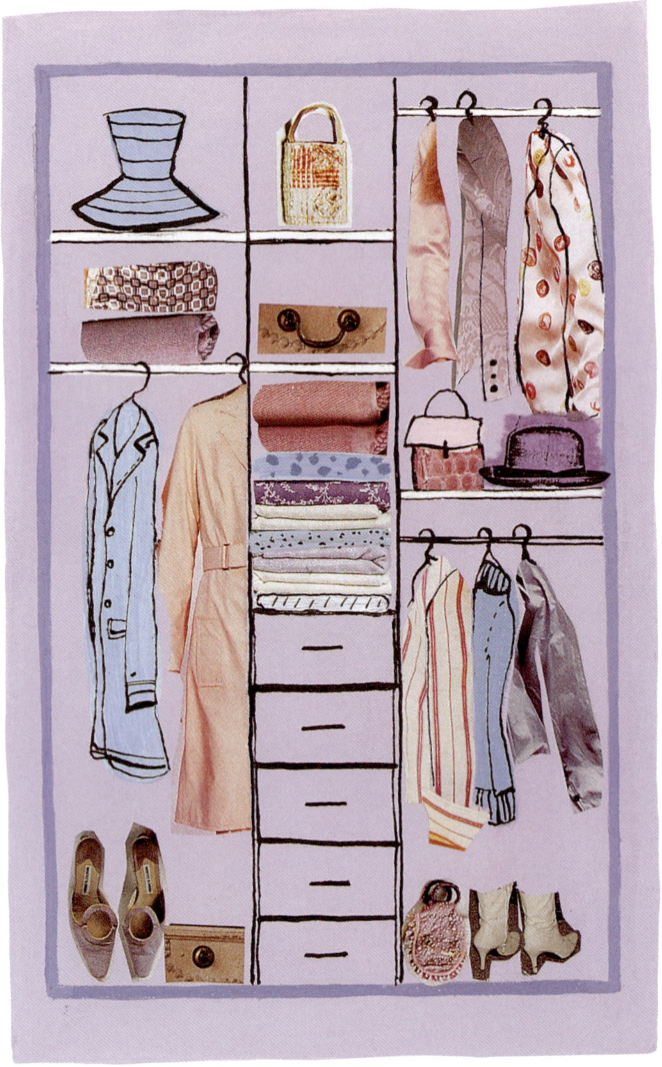

風水 ガラクタ整理法

気エネルギーの停滞をなくし
幸せな生活を送るための
新かたづけ術を伝授

メアリー・ランバート 著
越智 由香 訳

First published in the United Kingdom
under the title Clearing the Clutter
by CICO Books, an imprint of Ryland, Peters & Small Limited
20-21 Jockey's Fields
London WC1R 4BW

Text copyright © Mary Lambert 2001

The right of Mary Lambert to be identified as the author of this work has been asserted by her in accordance with the Copyright, Designs and Patents Act 1988.

All rights reserved. No part of this publication may be reproduced, stored in or introduced into a retrieval system, or transmitted in any form or by any means, electronic, mechanical, photocopying, recording or otherwise, without the prior written permission from the copyright holder and publisher.

Designed by Roger Daniels

Illustrators
Sam Wilson (pp 5, 11, 12, 17, 20, 28, 34, 35, 41, 46, 47, 53, 56, 57, 62, 63, 71, 77, 82, 84)

Kate Simunek (pp 10, 22, 28, 32, 33, 38, 39, 45, 50, 54, 55, 60, 61, 67, 74, 75, 80, 81)

Acknowledgements

I would like to thank Cindy Richards for giving me the opportunity to write this book, and Liz Dean for all her hard work in putting it together. Also Roger Daniels for his great design, and Sam Wilson for her witty illustrations and Kate Simunek for her patience in doing some difficult artworks. My appreciation also goes to my feng shui master Harrison Kyng for setting me off on the wonderful path of feng shui. Finally, thanks to my family and all my friends for their encouragement during the difficult stages of writing, and my boyfriend Steve for his constant support and invaluable advice on clutter in the car.

FURTHER READING
Clear Your Clutter with Feng Shui, Karen Kingston, Piatkus
Creating Sacred Space with Feng Shui, Karen Kingston, Piatkus
Sacred Space, Denise Linn, Rider Books
Clear Your Desk! Declan Treacy, Arrow Business Books
Ligten Up! Free Yourself from Clutter, Michelle Passoff, Harper Perennial
Home Design From the Inside Out, Robin Lennon with Karen Plunkett-Powell, Penguin Arkana
Clutter's Last Stand, Don Aslett, Writer's Digest Books
Feng Shui for Modern Living, Stephen Skinner and Mary Lambert, Cima Books

PICTURE CREDITS
The publishers are grateful to the following for permission to reproduce photographs:
Abode UK: pages 39 above and below, 41,43; Tim Beddow/Interior Archive: page 44; Simon Brown: page 36, 37 centre left; Simon Brown/Interior Archive: pages 19, 40 above, 42 right; Josie Clyde/Stock Shot: page 78; The Cotswold Company: pages 37 above, 42 left, 58, 59 centre, 62, 69, 70, 79 below; Crabtree & Evelyn: page 20; Michael Crockett/Elizabeth Whiting Associates: page 16; Michael Dunne/Elizabeth Whiting Associates: page 51; Laurence Dutton/The General Trading Company: page 53; Feng Shui for Modern Living/Centennial Publishing: pages 30, 31, 52, 86, 89; Filofax: page 85 below left; GettyOne Stone: pages 15, 25, 83 above right; David Giles/Elizabeth Whiting Associates: page 88; The Holding Company: pages 9, 37 below right, 40 below, 59 left, 68, 72 left and right, 83; Jacqui Hurst: page 23 above and below; Rodney Hyett/Elizabeth Whiting Associates: pages 57 and 76; Tom Leighton/Elizabeth Whiting Associates: page 49; Nadia Mackenzie/Interior Archive: page 46; Muji: pages 71, 73, 77, 79 above; Neo Vision/Photonica: pages 11, 21, 66, 87; Michael Nicholson/Elizabeth Whiting Associates: page 91; Osprey by Graeme Ellisdon: page 84; Peugeot: page 82; Pictor International: page 81; The Pier: pages 32, 35, 59 right, 63, 92, 93; T. Sawada/Photonica: page 90; Fritz von der Schulenburg/ Interior Archive: pages 34, 54, 65; Karin Taylor/ Marie Claire/IPC Syndication: page 27; Pia Tryde/The General Trading Company: page 13 above; The White Company: page 64 above and below; Elizabeth Whiting Associates: page 48; Henry Wilson/Interior Archive: page 13 below, 56, 60.

目次

はじめに	6
散らかった状態はあなた自身！	8
気の流れをよくするための片付け	16
家の中の散らかり多発地帯	28
寝室：魂が休息する場所	32
子供部屋：安心と刺激が同居する場所	38
台所：ポジティブなエネルギーを与える場所	44
玄関：人と気を通す家の「口」	50
リビングルーム：和やかさとくつろぎの場所	54
バスルーム：魂を清める場所	60
仕事場：能力に滋養を与える場所	66
収納部屋（ロフト）：思い出が住む場所	74
車：移動するがらくた	80
バッグと財布：歩くがらくたの山	84
風水でエネルギーを活性化する方法	86
索引	94

はじめに

家の中が散らかるのは、多くの人の悩みの種です。ここで重要なことは、私たちが何とかしてそれをコントロールするのか、あるいは逆に散らかった状態が私たちをコントロールするようになるのか、ということです。

風水は中国で古来から行われている家の中の家具の配置やエネルギーの流れに関する対処法です。エネルギーの流れを改善し、良い風水を実行することで、ますますの繁栄とより良い健康がもたらされ、さらに、個人的にもどんどん成功することができるのです。家庭内で良い風水を実行するには、まず散らかった状態を片付けることが最も重要です。片付けには強力な効果があり、空間を清め、そこに住む人々に驚くような変化がもたらされるのを促進します。風水に基づいて何かを変更したり解決グッズを用いたりするのは、まず片付けが済んでからにしましょう。

風水で行うことの大部分は、家の中の「気」（エネルギー）の流れをコントロールすることにあります。このエネルギーを操作してバランスをとり、すべての部屋でエネルギーがポジティブに動くようにすることが、風水コンサルタントがクライアントを訪ねる目的の一つなのです。「気」が家の中に入ってきて障害物にぶつかると動きが鈍ります。家の中のがらくたの山がその障害物となり、「気」の流れを制限して停滞させ、このことがそこに住む人々に有害な影響を及ぼすのです。ここで問題となるのは、一旦家の中にがらくたがたまり始めると、さらに他のがらくたを引き寄せて、あっという間に家が悪夢のように乱雑になってしまうことです。がらくたのまわりに漂うベトベトとしたエネルギーの停滞は、精神的、感情的、さらに霊的な面でも影響を及ぼして、あなたは人生のあらゆる場面で前進することがおっくうになるのです。

前へ進む

散らかりの犯人（がらくた）は主に、あなたがもう使わなくなった、あるいは好きでなくなったもの（p8、p16-17参照）のことです。私たちの大半は、自分の持ち物に対して強い愛着を持つ傾向があります。そのため、役に立たなくなったものでも、いつかまた使うかもしれないと自分を納得させながら持ち続けているのです。贈り物としてもらったけれど自分には必要ないものや、相続した得体のしれないものについても同じことが言えます。つまり、私たちはついものとそれをくれた人とを結びつけて考えてしまうので手放すことができないのです。しかし、そういうものをなんとか捨てたり誰かに譲ったりできた時には開放された気分になるものです。あまりにもたくさんの古い持ち物を捨てずに取っておくと、過去とのつながりから抜け出せないことにもなり、私たちは前へ進むことができなくなるのです。

新しい人生

本書の目的は、あなたが片付けにとりかかる後押しをすることにあります。なぜなら、放ってお

はじめに 7

台所の棚。家の中の他の場所と同様に十分に吟味したものだけを置くことが必要。

けばおくほど始めるのが難しくなるからです。ここでは、なぜあなたががらくたをため込んでいるのか、そしてそれらを処分することであなたの人生がどのように変わるのかを少しずつ解説します。家の中の主要な「散らかり多発地帯」を特定し、チェックリストと散らかり解決策を紹介します。家からがらくたがなくなれば、「気」を高めるための方法がたくさんあります。最終章では水に関わるものや植物そして水晶など風水によるエネルギー増強グッズの使い方をご紹介します。

　家の中の無駄をなくして、もう必要でなくなったものを取り除くことによって、あなたを育み、包み込んでくれるような場を自分で作り出すことができるのです。人生で本当に必要なものを見つけ出し、あなたの家を新しい人々との出会いやわくわくするようなチャンスが訪れる場にすることができるのです。

散らかった状態はあなた自身！

散らかりを片付けることは、あなたの人生に驚くべき変化をもたらす強力なプロセスです。水晶などの風水増強グッズを持ち込むのは、まず片付けてから。そうでないと効果がないのです。

家の中の散らかった場所では、「気」（エネルギー）は沈滞し、一旦淀んだエネルギーが蓄積してしまうと、その沈滞はますますひどくなります。ダイレクトメールや途中で挫折した工作や手芸品、リサイクルのためにとってある新聞——これらはすべて散らかりの原因です。部屋の隅に隠してほったらかしにしたものも全部同様です。どうするか後で決めるつもりでいても実行した試しはないものです。思い切った片付けを避けている原因が未来に対する不安にある場合があります。でも一旦決意を固めてしまえば、あなたは前に進んで変化を起こすことができるのです。

あなたの心の内面

家は、内なる自分を写し出していると考えられます。家の中が乱雑なのにほったらかしになっているという状態は、あなたの心の中で起こっている何かを反映しているのです。散らかっていると、人生の目標に対して無気力になったり、無意味だと感じたり、混乱を覚えたりもします。ため込んだがらくたを空にしてしまえば、肉体的、精神的そして霊的にも解放された気分になり、新たなチャンスへの扉を開くことになるのです。

片付けが意味すること

散らかった状態にうんざりしていて、どうにかしたいと思っているなら、それはあなたが自分の望む人生により近づくための変化を起こす準備ができたことを意味します。片付けがあなたに与える影響を過小評価しないでください。長い間しまっておいた持ち物を処分することは苦しく、あなたの心の中の声は手放しなさいとささやいているにもかかわらず、それらがないと暮らせないような気持ちになるかもしれません。しかし、あなたの現在そして未来の人生に本当に重要な価値をもつものは何かを見極める必要があります。

前向きに考えましょう。がらくたが消えてしまえばもっと幸せになれるような気がする、と言うだけでは十分ではありません。短期的および長期的な目標リストを作りましょう。例えば、転職する、新しい事業を始める、芸術を追求するための自由な時間をもっと確保する、趣味のための空間を作る、あるいは新しい人間関係を築く、といったことです。目標を設定すると、がらくたの処分が楽になります。そうすることで自分の夢に至る道を、整理して進みやすくしていることになるからです。

寝室を片付け、適切な収納家具を置くと、自分自身により満足した気持ちになれるでしょう。

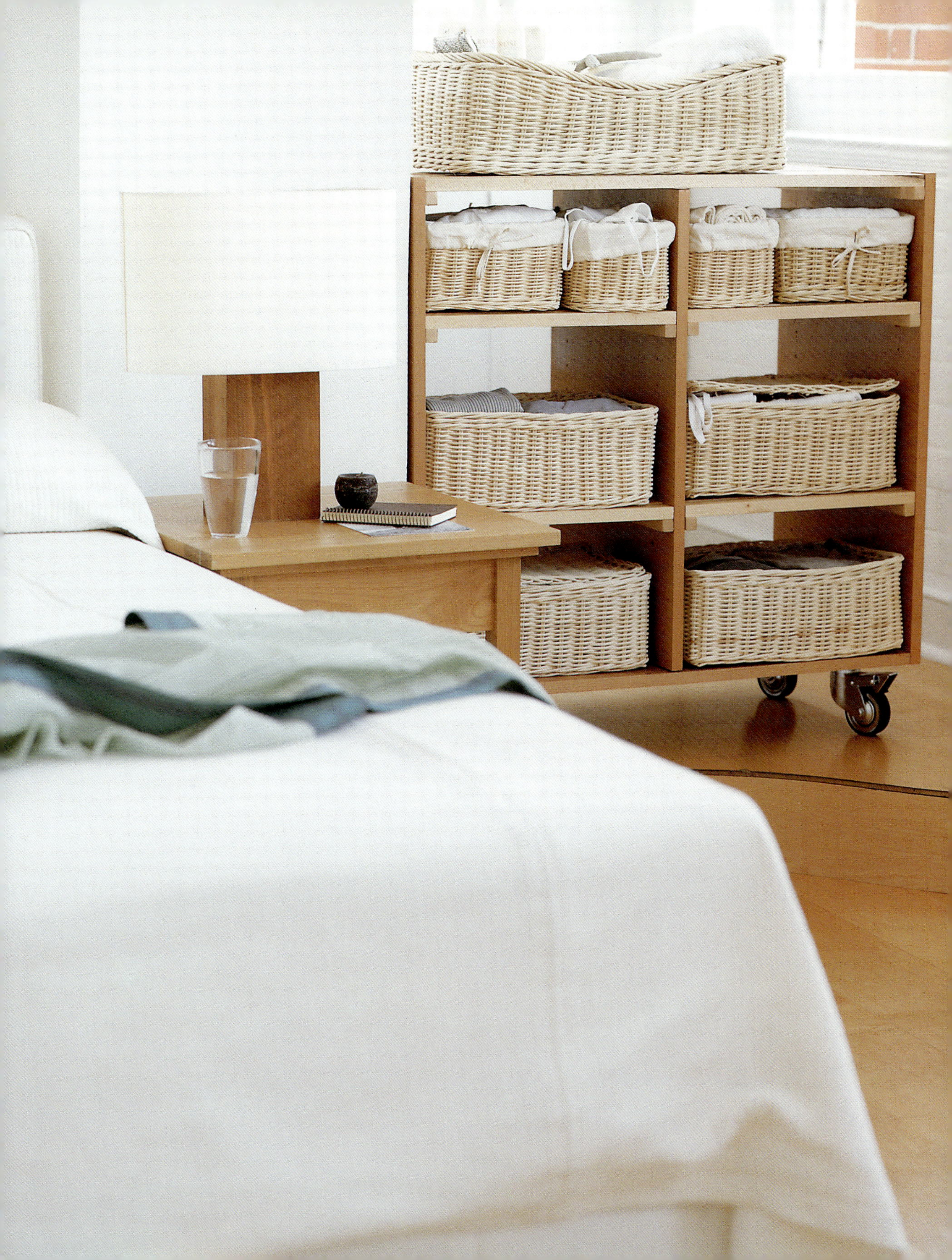

「気」の流れ

中国の世界観によると、この世には「気」と呼ばれる目に見えない生命力つまりエネルギーがあり、すべてのものに流れています。家の中の「気」の流れを操作しバランスを整えることが、風水術の大部分を占めています。「気」が自由に流れている時は、雰囲気は明るく、エネルギーに満ち溢れ、気持ちが高揚するのです。

家の中を流れる「気」が、そこに住むすべての人々にとってポジティブで有益に働くためには、力強く動く必要があります。

「気」は玄関の扉から入り、各部屋の中をらせん状に動きながら（右図参照）くねくねと流れていき、裏口や窓を見つけて出て行きます。

散らかりは「気」がスムーズに流れる上での最大の障害物です。なぜなら、散らかっていると「気」が動きまわり難くなるのです。例えば、家の「口」と考えられている玄関ポーチと廊下に障害物があると十分な「気」が入ってくるのを妨げることになります。いたるところが乱雑になっていると、「気」は行き場を失って家のまわりで停滞してしまうでしょう。このことは次にそこに住む人にも影響を及ぼし、混乱した気分になったり、生活が単調になったりするのです。エネルギーの流れに敏感な風水コンサルタントは淀みやかび臭さ、べたつくような感覚を感じ取ることで、このようなエネルギーが停滞した部分を感知することができます。

持ち物のエネルギー

気に入っていて頻繁に使っているものが身の回りにあると、それらから活気に満ちたエネルギーが放出され、「気」の正常な流れが促進されてあなたの人生は喜びに溢れた楽しいものに感じられるようになります。気に入っている持ち物が、目に見えない糸であなたとつながり、あなたを支え育んでくれているようです。ところが、いらないがらくたや役に立たないもの、壊れたものが身の回りにあると、それらから発せられるネガティブな「気」はあなたの足を引っ張るだけなのです。このようながらくたの山が長く身の回りにあるほど、あなたがそれらから受ける影響は悪いものとなります。あなたにとって特に意味を持たないものはすべて処分してしまいましょう。そうすることで、あなたにのしかかっている重圧感を減らすことができ、あなたは精神的、肉体的、そして霊的にも力が得られるのです。

家が散らかっていると必要なものを探すのが難

「気」は家の中の各部屋に入り、常に煙の筋のようにらせん状を描きながら、扉から窓へと進んでいきます。
「気」は窓からも入り、曲がりくねりながら扉へと進みます。

散らかった状態はあなた自身！ 11

しくなります。家の鍵が何度もなくなったり、大事な手紙がダイレクトメールの束というブラックホールに吸い込まれたり、携帯電話が消えたり、とてもお気に入りの靴がワードローブの後ろのどこかに埋もれてしまっているなら──今こそ行動が必要です。こんな風に常に混乱状態にあると、それぞれのものから発せられるエネルギーがごちゃ混ぜになり、気分を落ち着けたり、ものごとを思いのままにできるどころか、混乱やストレスという形になってあなたに影響が現れるのです。家の中の表面的な散らかりを解決して「気」の流れに弾みをつけることで、あなたの心の中の混乱は消え去り、人生は必ず改善し始めるでしょう。

家ががらくたでいっぱいになっていたら、鍵や携帯電話やお気に入りの靴などいつも使うものを見つけるのに苦労し続けることになります。

過去に縛られた状態

　散らかりを片付けようとする誰もが抱えている問題の一つは、自分の持ち物に対する非常に強い愛着です。何年も前に誰かからもらった置物や小物などを懐かしく眺めると、私たちは心強い気持ちになります。哀しい出来事にまつわるものでさえ、本当はそれが大好きなんだと自分を納得させようとして私たちは大事にとっておくのです。

何をとっておくべきか？

　楽しい思い出につながるものをいくつかとっておくのは全く問題ありません。但し、それを見るとあなたがとても幸せな気持ちになれるというものでなければなりません。しかし、それもあまり数が多いと、あなたのエネルギーが過去と強くつながり過ぎてしまうことになり、新しいことが人生に入り込むのを妨げるようになります。まるで自分の分身であるかのように思い入れの強いものを人に譲ったり捨てたりすることは、心にひどい痛みを伴うことがあります。それはちょうど自分自身の一部が切り離されたり、友達の好意を拒絶するようなものだからです。友達があなたに贈り物を選んでくれる時には、ある思いが込められていて、たいていの場合それは愛情なのですが、これらの思いとものが持つバイブレーションとが結びついてしまうのです——そのため処分し難く感じるのです。しかし、実際には、持ち物のいくつかを手放してしまっても、それらがなくて困るということはあまりないものです。また、誰かあなたと同じくらいそれを気に入ってくれる人にあげると、良い気分になれるでしょう。

持ち物を人に譲る

　亡くなった親族から相続したものを人にあげたり、売ったりするのは難しいものです。あなた自

散らかった状態はあなた自身！　13

**持ち物の数を
減らす必要が
あるでしょうか?**

◘ あなたの持ち物は主にあなたの過去を反映したものですか?

◘ 家の中を客観的に見渡して、何があるか調べましょう―あなたが作り出した混乱状態の中に何か未来に対する恐れのようなものを感じますか?

◘ リビングルームにあるものをいくつか処分するとしたら、あなたの人生にとって何かネガティブな影響が実際にあるでしょうか?

◘ いくつかの持ち物に対して心の奥底で抱いている気持ちは、あなたが明るくより良い未来へ進むことを妨げているでしょうか?

◘ すべての部屋は無数の思い出でいっぱいで、新しい思い出が作られていないと感じますか?

もしこれらの質問に対する答えが「はい」の場合、何かを処分する必要があることは間違いありません。早速始めましょう。

もう使わないけれど素敵な思い出があるので処分するのが難しいと感じているものについては、写真を撮ってきちんと製本されたアルバムに納めましょう。そうすれば、ものを捨ててしまってもそれほどひどい喪失感を味わわずにすみます。

身それが全く好きでなかったとしても、感情的な絆やエネルギーという形で故人とつながっており、なかなか断ち切れないものです。

　持ち物はあなたという人を視覚的に表すシンボルであると信じているかもしれません。しかし、それらが家を覆いつくすほどたくさんあるなら、あなたは潜在意識下で過去の人生の思い出にしがみつこうとしているのかもしれません――そして、もしその中の何かを実際に手放すということになれば、あなたの一部分をも手放してしまうように感じられるのでしょう。しかし、一旦これから紹介する処分に着手してしまえば、もう過去を振り返ることはなくなり、あなたの人生に新しいエネルギーがみなぎってくることでしょう。

散らかった状態はあなた自身！

八卦(はっけ)を使う

　もしあなたが人生のある場面で不運な目に遭っていて全く改善の手立てがないように感じられる時には、散らかりが原因となっていないか確認しましょう。八卦は風水で用いる基本的な道具です。これは八角形の図で、磁石の基本方位とそれぞれの間の4つの方位に対応しています。それには卦(陰と陽を表す線を3本組み合わせた記号)と呼ばれる8つの古代のシンボルがあり、非常に強い意味があると考えられています。

　八卦には6つの環があります。最初の環は卦を、2番目の環はその卦の中国名を、3番目の環は中国における5つの基本要素──[木]、[金]、および[土]にはそれぞれ2つの方位、[火]と[水]にはそれぞれ1つの方位があります──を表しています。4番目の環は各要素に関係する色を、5番目の環は8方位を、6番目の環は人生における望み──例えば、南東は富と繁栄に、北は職業上の成功に対応しています──を示しています。八卦は風水診断を行う際に家全体または特定の部屋の図面上に置いて用いられます。家の様々な部分は人生におけるそれぞれの望みを象徴しており、対応する部分のエネルギーを活性化させるとその望みに関わる運気を改善することができるのです。

散らかりはあなたの人生にどんな影響を及ぼすか？

　家の中の散らかりが、あなたの人生における望みにどのような影響を及ぼしているか見てみましょう。がらくたの最大の山が富を象徴する部分にある場合、あなたの財政状況が問題を抱えている原因がここにあることを示しています。結婚を象徴する部分に散らかりがある場合、今ある関係に問題を引き起こすこともありますし、これから新しい関係が始まろうとするのを妨げることもあります。評価や名声を象徴する部分にがらくたがある場合、人気が衰えて熱意に欠けることがあります。

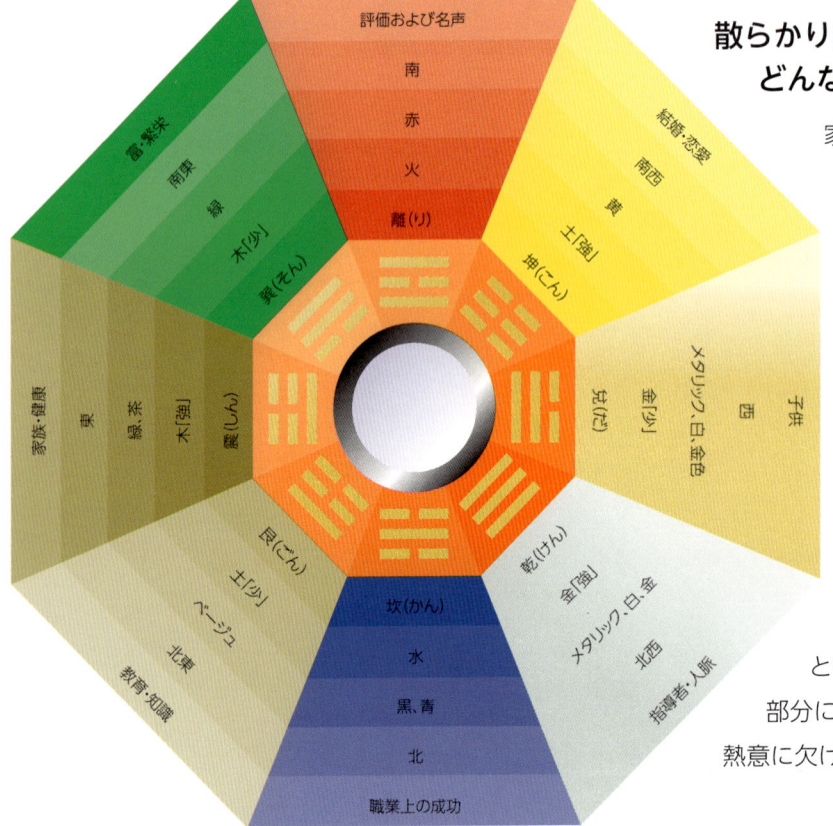

あなたの家の見取り図を書きましょう

人生における8つの望みにかかわる領域があなたの家ではどこにあたるか調べて、それらが散らかりによってネガティブな影響を受けているかどうかを確認する必要があります。

◆ まず最初に、高品質のオリエンテーリング用磁石を買いましょう。次に、磁石を手に、玄関の方を向いて立ち、あなたの家がどの方角を向いているか調べましょう。その時、北を示す針の先を磁石の北の表示に確実に合わせてください。

◆ あなたの家の見取り図を書きましょう。図の角から角へ2本の対角線を引き、交わる部分に印をつけて図の中心を見つけ、そこに磁石を置きます。

◆ 図の上に8つの方位点——北、北東、東、南東、南、南西、西および北西——の印をつけます。

◆ 八卦をコピーしたものを家の見取り図の上に重ね、見取り図の方位点と八卦の方位を合わせます。家のどの部分が人生における8つの望みに関係しているか書き留めましょう。この図は参照用に保管しておきましょう。

子供に関わる領域に散らかりがあると、例えば、子供や若い人たちとの関係が抑制され、創造性が妨げられます。指導者および人脈の領域が塞がっていると、友人や関わりのある人々からの支援を遮ることになります。職業にかかわる領域が狭くなっていると、仕事が苦労の連続のように思えるでしょう。教育にかかわる領域にがらくたがあふれていると、学習意欲や適確な決断を妨げます。家族にかかわる領域の散らかりは、家族間の絶え間ない争いの原因になります。

さて、あなたの家の中の人生における8つの望みにかかわる領域がどんなに悲惨な状態にあるかわかったところで、まず一番重症の部分を片付けて、いかに早く変化が現れるか見てみましょう。

あなたの家の基本方位を知るために必要なものは、オリエンテーリング用磁石1つです。

気の流れを
よくするための
片付け

散らかった家に乱れた心が宿ることには疑問の余地がありません。家の中が膨大な量のがらくたであふれていたら、「気」は停滞し、各部屋をスムーズに流れることができません。このことがあなたにネガティブな影響を及ぼすのです——生活が単調に感じられたり、急に自信をなくしたり、気分の落ち込みや疲労感に悩まされることがあるかもしれません。愛着のある持ち物を手放さずにいるということが、あなたをいつまでも過去に縛り、人生を前向きに生きることを妨げてしまうこともあります。

　不必要ながらくたをため込んでいるかどうかを判定するために、次のページの質問に答えてください。回答に5分以上かけてはいけません——たいていの場合、最初の答えが最も正直な答えです。この判定によって家の中で対策が最も必要な部分から片付けを始めることができます。

バスルームのような部屋から不必要なものを処分すると、人生を前向きに生きる助けとなります。

気の流れをよくするための片付け　17

あなたは「がらくたため込み屋さん」ですか？

この質問表は、人生の中にどれくらい散らかり（がらくた）が蓄積しているかをずばり判定します。

「はい」は2点、「ときどき」は1点、「いいえ」は0点で計算してください。。

　　　　　　　　　　　　　　　　　　　　はい　いいえ　ときどき

1 ワードローブは着ていない服でいっぱいである。

2 片方だけになったソックスやくたびれたストッキングが寝室の引き出しの中に潜んでいる。

3 1年以上前の雑誌が置いてある。

4 こわれているけれど修理に出すつもりもない電化製品がいくつかある。

5 リサイクルに出すための新聞が山積みになっているが、リサイクル回収場所に持ち込んだことはない。

6 古い日焼けクリームや使わなくなった化粧品がバスルームのキャビネットの奥で「冬眠」している。

7 古いスポーツ用品やレジャー用品の隠し場所がある。どれも一度は使ったが屋根裏へ追いやられ再び日の目を見たことはない。

8 何の鍵か見当もつかない謎の鍵が引き出しいっぱいある。

9 古い写真が山のようになって戸棚を塞いでいる。たいていが休暇の時に撮った写真で、あまり良いショットではなく、映っているのが誰か思い出せない。

10 ハンドバッグや財布の中は古いメモ、バスや電車の切符、何ヵ月も前の領収書、その他役に立たないものであふれている。

11 古いファイル、書類、書けなくなったペンがブリーフケースの中に居座っている。

12 車はりんごの芯、劣化したカセットテープ、チョコレートの包み紙を乗せてガタガタ音を立てながら走っている。

13 スペアルームは古い家具でいっぱいになっているので友達を招待して泊まってもらう気にはなれない。

14 なんらかの修理を大いに必要としている家具がいくつかある。

15 時代遅れで気に入らない置物が戸棚の1つに人目につかないように隠されている。

16 ガレージはがらくたでいっぱいでこれ以上車を入れることができない。

17 使っていない古いさびた園芸用品が山のようにある。

18 玄関ホールにあなたがためこんだ箱やものにつまずく人が続出している。

19 数年前の演劇や音楽会のプログラムをまだ持っている。

20 コンピュータには二度と参照することのないファイルが詰め込まれている。

総得点

結果

15-20
あなたの家と人生は完全に散らかっています。徹底的な対策が必要です。本当に必要なものと捨ててもかまわないものを選別しましょう。次に、選別をくぐり抜けた価値ある持ち物のためにどんな収納家具を追加する必要があるか検討しましょう。急いで買いに走る前に現在ある収納スペースを見て、新しい家具がどのように納まるのかを考えましょう。

10-14
散らかりがたまりはじめています。この時点でしっかりコントロールしましょう。

5-9
まだ散らかりは問題になっていませんが、自分で定期的にチェックしましょう。

5未満
あなたの家はほとんど散らかりのない状態です——このまま維持するように努めましょう。

空間浄化の儀式

　各部屋のがらくたを取り除くと(p32-79参照)、停滞していた「気」が再び自由に流れるのを助けます。しかし、場合によってはエネルギーを変化させるためにより強力な方法が必要になることがあります。

　家の中で起こる出来事はすべてエネルギーを生み出し、建物の構造にすり込まれるようになります。感情的なもめごとや病気は強い影響を残し、それが繰り返し現れる傾向が深くすり込まれます。そのため、例えばもしあなたの家の先住者が離婚していたら、その前に住んでいた人々もそうであった可能性があり、この強力な残留エネルギー(先住者エネルギー)は人間関係の問題を引き起こすことになるでしょう。

　家に潜んでいるネガティブなエネルギーを移動させて清め、あなたの人生が不利益を被らないようにするために、空間浄化の儀式を行う必要があります。

どんな儀式をすれば良いのでしょう？

　熟練した専門家を必要とする非常に複雑な儀式もありますが、ここに紹介するより簡単な方法を使って自分で行うことができます。

エネルギーを高めるためのヒント
これらのヒントはあなたの家のエネルギーを改善させるための補助的な方法として用いてください。
- 徹底的に家の大掃除をしてエネルギーを高めましょう。
- 扉と窓を全部開いてより多くのエネルギーを取り入れましょう。
- ろうそくに火を点して陽のエネルギーつまり火のエネルギーを作り出しましょう。
- ドライフラワーや枯れてしまったり枯れかけの植物を取り除いて生花を飾りましょう。

スマッジング(煙で燻す)：ハーブで作ったスマッジスティックを燻らせるのは、家のエネルギーを浄化するのによく使われる方法です(p22参照)。

アロマテラピーオイルを使う：水を入れた霧吹きにエッセンシャルオイルを数滴加えてあたりに吹きかけ、エネルギーのバイブレーションを変化させます(p24参照)。

拍手をする：この簡単な方法は、部屋に淀んでいるエネルギーを移動させるのに使われます。

香を焚く：火をつけた香から出る煙は部屋の中をたなびいてエネルギーのレベルを変化させます(p26参照)。

天然塩を使う：この伝統的な浄化法はネガティブなエネルギーを中和させるのを助けます。

儀式を始める前に気をつけること

　肉体的あるいは精神的に不調を感じている場合や何らかの理由で気にかかることがある場合は、空間浄化を試みてはいけません。月経中や妊娠中、または開いた傷口がある場合も同様です。浄化を行う前日に家をよく掃除して、始める前に入浴するかシャワーを浴び、アクセサリー類ははずしてください。

あなたの家の基本方位を知るために必要なものは、オリエンテーリング用磁石1つです。

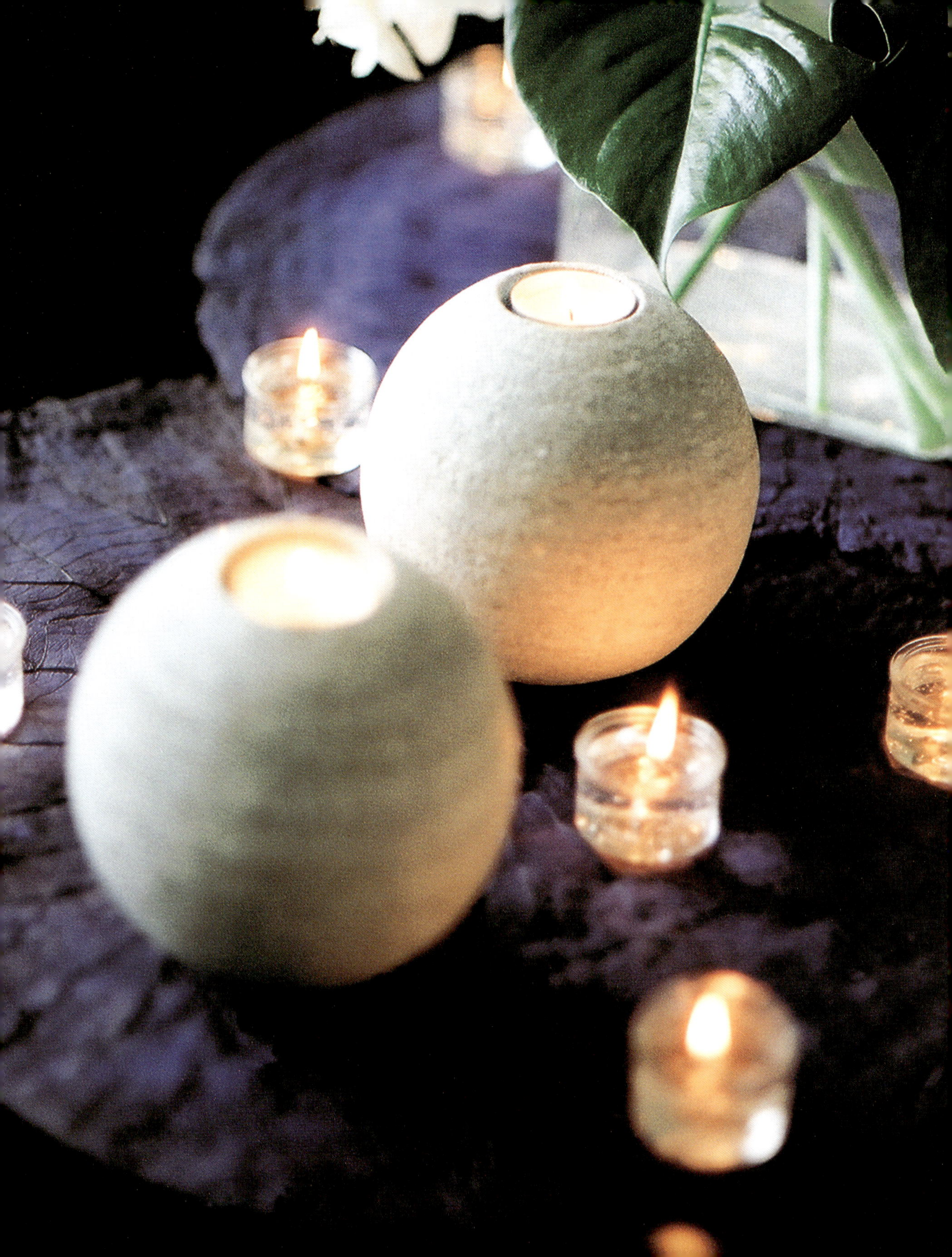

空間浄化をするのは
どんな時でしょう？

　家の中のエネルギーを全体的に清めたいだけなら、これから説明する空間浄化儀式の中の1つを行ってください。あなたや家族に有益となるようにエネルギーを移動させるために、これらの方法を用いる回数も決まっています。スマッジングおよびエッセンシャルオイルを使って霧を吹く方法はどちらも徹底的な浄化に非常に有効です。他の方法はこれらと組み合わせて集中的な空間浄化に用いるのに最適です。

口論の後

　深刻な争いの後でなかなか消えない重苦しい雰囲気は暗雲のように垂れ込めるものです。その場の空気は非常に落着かないものとなり、それが解消されないと、部屋に入ってくる人の気分に悪影響を及ぼすことがあります。ラベンダー、カモミール、またはゼラニウムのエッセンシャルオイルを使って霧を吹くと効果があります。ネガティブな感情の影響を取り除くには、ただの水だけで霧をふいてみましょう。水はマイナスイオンを作り出して、その場に充満し、浜辺で感じる幸せな気分に似た爽快さを作り出します。香を焚くことも重苦しさを取り除く効果があります。

スィートグラスのような爽やかな香りのするハーブは、乾燥させて燻す方法で空間浄化に用いられます。他の、バジル、レモン、およびラベンダーのようなハーブは、エッセンシャルオイルの形で、水で薄めて霧吹きに入れて用いられます。エッセンシャルオイルの溶液を家や部屋中に吹きかけて雰囲気を浄化します。ラベンダーのエッセンシャルオイルは中立的な「気」(陰と陽の中間のエネルギー)と同じ効果を持ち、淀んだ悪いエネルギーを浄化するのに特に効果があります。

病気または死の後

病室で使われていたシーツやカバーを洗濯し、家全体に空間浄化の儀式を行って、すべてのエネルギーをリフレッシュしてください。誰かが亡くなったあとには徹底的な浄化を行うことをお勧めします。というのは、死は自然のなりゆきではありますが、悲しみや動揺がなかなか消えなかったり、死者の魂が簡単に離れていかないこともあるためです。スィートグラス（湿地に生えるイネ科の多年草）を使ったスマッジングは強力で、ユーカリ、レモン、ティートリーまたはローズマリーのエッセンシャルオイルを用いて霧を吹くことも雰囲気を高揚させる効果があります。

引越の後

歴史は繰り返すものなので、新しい家の空間浄化を行うのは非常に良いことです。なぜなら、引越先の家には前の所有者が残して行ったネガティブなエネルギーがあるかもしれないからです。セージまたはローズマリーを使って燻すと効果があります。または、ラベンダー、セージ、マツ、モミ、ローズマリーまたはジュニパーのエッセンシャルオイルを用いて霧を吹いても良いでしょう。さらに浄化力を高めるには塩を使ってください。

前進するため

人生では時には行き詰まることもあり、そんな時には積極的に前へ進むことなどできないでしょう。あるいは、自分では解決できない問題の場合もあるでしょう。しかし、家の空間浄化を行うことで、エネルギーを変化させ、解決を導くことができるのです。拍手をすると閉じ込められていたエネルギーを移動させることができ、バジル、レモンおよびクラリセージを使って霧を吹くと頭をより明晰にすることができます。ヒマラヤ杉の葉で燻すと、沈滞した雰囲気を追い払うことができます。

ハーブの鉢植は部屋のエネルギーを活性化させるのに役立ちます。ハーブの芳香は先住民族の文化では文字どおり「空気を浄化する」ために使われてきました。

空間浄化の方法

スマッジング

　古代、煙は浄化のための宗教儀式の中で用いられたり、大気中の精霊と交信するために用いられました。スマッジングは先住アメリカ民族の伝統であり、著名な空間浄化師であるデニス・リンがよく用いる方法です。きつく束ねられた乾燥ハーブの束に火をつけて燻らせます。束を注意深く好みの場所に運び、煙でネガティブなエネルギーを浄化し、雰囲気を清めるようにします。

　多種多様なハーブが燻しの儀式に用いられますが、最も多く用いられるのは、セージ、スィートグラス、ローズマリーおよびヒマラヤ杉の葉です。セージはその強い浄化力から伝統的によく用いられており、スィートグラスには刈りたての干し草に似た独特の爽やかな香りがあって、ネガティブなエネルギーを取り除くと信じられていました。

スマッジング用のハーブの購入

　あらかじめ束になった専用のハーブはスマッジスティックと呼ばれ、自然健康法関連商品の店や、精神、身体および霊などのテーマを専門に扱う書店の一部などで買うことができます。また、ハーブを集めて自分で作ることもできます。束ねたハーブの端をひもで縛り、涼しい場所にさかさまに吊るして乾燥させてください。

スマッジングの儀式

　スマッジスティックに火をつけてください――燃やすためには息を吹きかける必要があるかもしれません――十分に燃えてきたら、炎を消し、ハーブが燻るようにします。スティックは常に耐火性の皿の上で取り扱い、火花を受け止めるようにします。家あるいは特定の部屋の浄化を始める前に、まず自分自身を燻して、あなたの考えや感情そしてオーラ（あなたの身体のエネルギーの場）を清めましょう。これを行うには、煙の出ているハーブをまず精霊に捧げるようにしてから、両手を広げ、煙を目、それから顔や頭に向かってゆっくりと手繰り寄せるようにします。その煙を身体の残りの部分そしてオーラに向かってゆっくりと引き寄せながら、各部分が浄化されるように念じます。このプロセスは、家の浄化を始めるためのエネルギーがあなたに与えられるように促します。

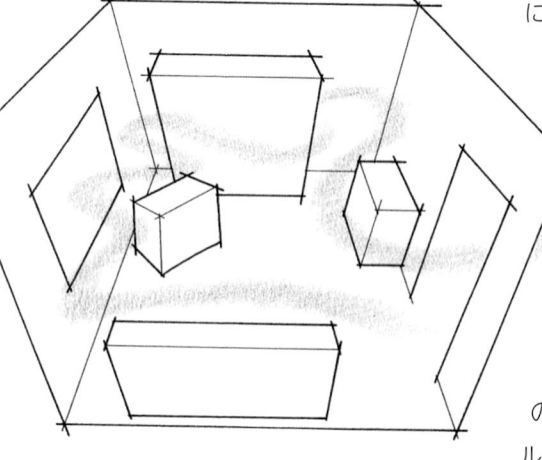

燻している時には、部屋のすべての隅や引っ込んだところや隙間など、必ず部屋全体に煙が漂うようにしてください。

部屋を燻す

　普段着か着古した服に着替え、手を洗い、玄関の扉あるいは特定の部屋の扉から始めます。ハーブと皿を片手に持って部屋の中を時計まわりに歩きます。空いている方の手で煙を壁や部屋のすべての隅、戸棚、本棚、その他のユニット家具にそ

気の流れをよくするための片付け 23

って漂わせます。エネルギーが重くなっている部分を感じたら、煙をもっと強く漂わせます。家が建っている土地の精霊に、ネガティブなエネルギーを追い払い、ポジティブなエネルギーを再び流れさせてくれるようにお願いします。燻すことによって深くしみ込んでいた古いエネルギーに作用が到達し、それを解放させることができるのです。終わったら扉を閉めてください。

必要に応じて他の部屋でも同様に繰り返します。儀式が終わったら流水の下でスティックの火を消し、燃えた部分を切り落として残りをしまいます（小さなスティックは3回、長いものでは6、7回の燻しの儀式に使えます）。スマッジングはエネルギーが移動するまで2〜3日毎日繰り返し、その後は必要に応じて週に1回行います。注意しなければならないのは、この煙は非常に刺激が強いので毎回儀式が終わるたびに窓と扉を開けて空気

セージとローズマリーの2つは、ネガティブなエネルギーを取り除くのに効果があることから、空間浄化に最もよく使われるハーブです。

を入れ替える必要があるということです。

儀式を行うと自分のオーラも浄化することになるので、服や髪の毛にも煙の臭いがつきます。そのため、儀式の後で服を洗濯しシャワーを浴びて髪の毛を十分に洗う必要があるかもしれません。

自分でスマッジスティックを作るには、好みのハーブを集め、紐で縛ってフックか釘にさかさまに吊るして乾燥させます。

アロマテラピー

　エッセンシャルオイルはハーブやその他の植物から自然の力で抽出して得られたものです。オイルにはすばらしい芳香があり、抽出された元の植物が持っていた生命力、精、そしてエネルギーが残されています。エッセンシャルオイルは通常、蒸留によって抽出されますが、そのプロセスによって元の植物が持っていた力がおよそ70%強化されます。

　私たちはみな臭いに反応します。様々なエッセンシャルオイルには気分を鎮めたり、リラックスさせたり高揚させたりする効果があります。中には強力な浄化作用を持つものもあり、家のネガティブなエネルギーの浄化を促すのに使えます。

　ラベンダーは広く浄化に用いることができる有用なオイルです。ラベンダーは中立的な「気」（陰と陽の中間）と同等の力があると考えられており、先住者のエネルギーのように建物にすり込まれた頑固なエネルギーを動かすのに非常に効果があります。ライム、オレンジ、レモングラスまたはペパーミントのオイルは雰囲気を活気づけるのに効果があります。通常の浄化に用いるエッセンシャルオイルはジュニパー、セージ、マツやユーカリです。

　最後に、大切なことは、霧を吹くのに使おうとするオイルの芳香をあなた自身が気に入っているということです。自分が本当に好きな香りを用いるとより効果的で浄化の作業が楽しくなるでしょう。

オイルの使い方

　水を入れた霧吹きに選んだエッセンシャルオイルを数滴垂らしてよく振ってください。定期的に霧を吹くなら、オイルは1日おきに交換するか、または溶液を遮光ガラス製の霧吹きに入れて保管しましょう。プラスチック製のものはオイルの性質に影響するためです。

　しばらくその場で静止し目を閉じて、オイルに達成させたいことやネガティブなエネルギーをどのように追い払いたいかを心に念じます。それから浄化しようとする部屋の扉のところから始め、部屋の中を歩き回って、部屋中に霧を吹きかけます。部屋の隅には特に注意を払ってください。他に浄化が必要な部屋があれば同様にしてください。エネルギーに劇的な変化をもたらすには、1週間毎日続けて霧を吹き、次に仕上げとして週に1回霧を吹いてください。頑固な先住者エネルギーに対処するためにラベンダーのオイルを使っている場合には、すべての部屋に28日間毎日続けて霧を吹くと良いでしょう。28日間というのは「気」が完全に入れ替わる周期を表しているからです。

　自分自身のエネルギーをすばやく活性化させるには、水を入れた小さなガラス製のアトマイザーにお気に入りのエッセンシャルオイルを1～2滴垂らし、頭と身体のまわりに霧を吹きつけて肌を活性化させ、オーラを清めましょう。

拍手をする

　これは非常に簡単でありながら効果的な方法で、エネルギーの閉塞を解消し、人生に変化をもたらすことができます。上演が終わった劇場で拍手がどれだけ雰囲気を高揚させるか考えて見てください。

　リラックスして、家の中で起こって欲しいことや変わって欲しいことを念じましょう。両足を少し開いて立ちます。部屋の隅の1つから始め、まず軽く速く手を叩いてエネルギーの質を確認し、強く大きく音をたてて手を叩いてエネルギーを移動させます。良いエネルギーがある場合には、たいてい歯切れが良く、明瞭な音がするものです。音が響かなかったり鈍い音がする場合はエネルギーが弱いことを意味しています。このように活気がないエネルギーを追い払うには、部屋の隅の上の方と下の方で拍手しながら、拍手と同時にエネルギーが清められているところを視覚的にイメージしてください。軽く拍手しながら部屋中を移動し、浄化を必要としている他の隅を探します。戸棚にも同様にエネルギーを「拍手で追い払う」ことができますし、電化製品の回りで拍手するとそれらから発生した静電気を分散させることもできます。

　浄化を必要としている他の部屋も同様にしてください。終わったら、手を流水の下ですすいであなたに付着しているかもしれないネガティブなエネルギーを取り除きます。淀んだエネルギーの蓄積を防ぐために拍手法を定期的に繰り返してください。

拍手は簡単にできる部屋の浄化法です。
部屋中を拍手して回ることにより
淀んだエネルギーを高揚させることができます。

香を焚く

　世界各地の教会や寺院に足を踏み入れると、焚かれた香から立ち上る心地良い芳香に気付くことが多いでしょう。スティック状の香は使いやすく、部屋の中のエネルギーの振動レベルをすばやく上げることができます。香には様々な種類のものがあります——合成物質で作られたものは部屋のエネルギーに効果がないばかりか逆に低下させる可能性さえあるので注意して選んでください。強力に空間を浄化するには、他の方法と組み合わせて香を焚くのが最も有効でしょう(p18参照)。

　香の香りは私たちの感覚にも影響を及ぼします。天然の油、樹脂、ハーブやスパイスなどの材料から作られた手作りの香はよく効きます。

香の使い方

　エッセンシャルオイルを使って霧を吹く方法などの他の空間浄化法と香を組み合わせて使う場合、スティック状の香に火をつけて香立てに差し、部屋の中で燻らせておくだけで良いのです。

　香だけを単独で用いる場合には、目を閉じ、一生懸命に集中し、特定の部屋あるいは家全体にあなたの思いを向けます。持ち運ぶために香を香立てに差し、火をつけて吹き消し、煙が立ちはじめるようにします。扉のところから始め、ゆっくりと部屋の中を歩き回りながら、手で煙を漂わせます。特に部屋の隅や暗い場所には集中的に煙を送り込みます。他の部屋でも同様に繰り返すか、あるいは香を部屋の壁側に置き自然に消えるまでそのままにしておきます。安全に設置されていることを確認してください。火のついた香から決して目を離してはいけません。

塩

　何世紀にもわたって、塩は様々な文化圏でネガティブなエネルギーを洗い清めるために用いられてきました。塩には空気中の不純物を吸収する力があるためです。塩は単独で用いるよりも、他の空間浄化法(p18参照)の力を増強させるのに用いると特に効果があります。岩塩でも海塩でも密閉容器で保存するのが最適です。

塩を空間浄化に用いる

　すべての戸口に向けて塩をひと振りするか、より強力に清めるには塩を入れた鉢を部屋の隅と中央部分に置きましょう。または、塩を部屋の四隅およびエネルギーが淀んでいると感じられる場所に撒き、24時間放置した後で取り除くか掃き出します。部屋のエネルギーが完全に静止していると感じられるようになったら、鉢の中の塩を1週間毎日交換します。

家の中に祭壇を作る

　家の中のエネルギーを清め終わったら、毎日静かに黙想や瞑想を行うための特別の場所を設ける必要があるかもしれません。小さな祭壇あるいは社を置いて、自分の霊的な側面と向き合う拠り所とすることができます。まず祭壇の中心——これは仏像のように宗教上の神性を表すものであっても良いし、例えばどこかあなたが霊感を感じる自然界の場所の写真でも良いし、あるいはあなたを霊的なものへと導いてくれる人物の写真でも良いのです——を作ることから始めましょう。お気に入りの水晶や生花を置き、ろうそくに火を点し、好みの香を焚いて祭壇に向かう時の雰囲気をポジティブなものにしましょ

う。祭壇はスペアルームか部屋の隅に設けましょう。もし祭壇を飾ったままにしておけない場合には、お盆の上に作って、必要になるまで戸棚の中にしまっておきましょう。

例えば、リビングルームで香を焚くと
素晴らしい芳香がして、
口論の後の悪い雰囲気やネガティブなエネルギーを
追い払うことができるでしょう。

家の中の散らかり多発地帯

あなたの家の状態はあなたの人となりを映し出します。したがって、家が整理されておらず、散らかり（がらくた）であふれていると、あなたも同じように混乱した人生を送っていることでしょう。家族がいるなら、乱雑さを彼らのせいにすることはできません。なぜなら家族もまたあなたを反映しているからです。がらくたでいっぱいの部屋がありますか。家の中に、がらくたを詰め込み放題にしてしまうと、あなたが人生を楽しむことを象徴的に制限してしまうこともあるのです。

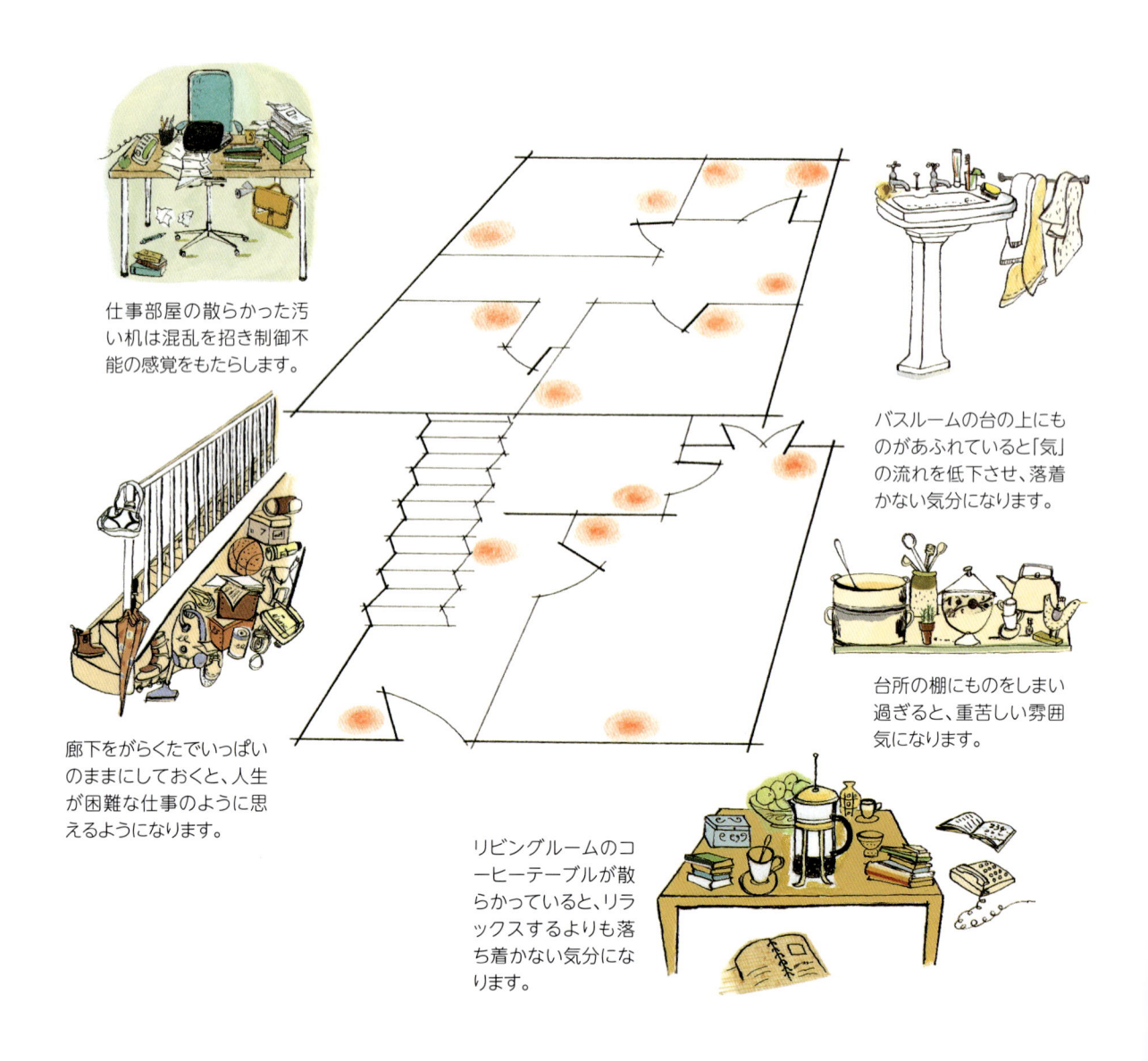

仕事部屋の散らかった汚い机は混乱を招き制御不能の感覚をもたらします。

廊下をがらくたでいっぱいのままにしておくと、人生が困難な仕事のように思えるようになります。

バスルームの台の上にものがあふれていると「気」の流れを低下させ、落着かない気分になります。

台所の棚にものをしまい過ぎると、重苦しい雰囲気になります。

リビングルームのコーヒーテーブルが散らかっていると、リラックスするよりも落ち着かない気分になります。

玄関と廊下

　この部分は家の「口」と考えられており、来客や友人が家の中に入り、第一印象を受ける場所です。ここは「気」が積極的に入ってきて家中のすべての部屋をくねくね曲がりながら通り抜けるのを促進するように、光が十分に入り、歓迎するような雰囲気であることが必要です。このあたりはたいてい子供の道具一式、靴や鞄、箱、新聞などでいっぱいで、エネルギーの流れを低下させ停滞させているのです。玄関にこうしたものの山が築かれているなら、それは新たな機会が閉ざされて人生が本当に困難なものとなることを象徴しているのです。

屋根裏部屋やロフト

　これらの場所には、ついつい私たちの過去を残しておきたくなるものです。過去を振り返らせ、人生における前進を妨げる働きしかない思い出の品や記念品でいっぱいになることが多いのです。徹底的な片付けをすることで、精神的な負担が軽くなり、持ち越してきた問題があなたの前から消え去り、未来に対するあなたの望みを妨げていたものから解放されるでしょう。

地下室

　地下室はどこの家にでもあるものではありませんが、もしあなたの家にあるなら、不要あるいは未使用の様々な道具類が詰め込まれている可能性が高いでしょう。この部分は、あなたの過去を象徴しており、あなたの潜在意識に関連しているとも考えられています。もし地下室が、がらくたであふれかけているとしたら、それはあなたが過去にしてこなかったこと、あるいはいつか解決しようとしてそのままにしておいた問題を象徴しているのです。地下室を整頓することは非常に重要なことです。それを怠るとみじめな気持ちになったり、無気力になったり、人生の方向性を見失ったりするなど、あなたに悪い影響を及ぼすことがあるためです。まるで世界中の様々な問題に押しつぶされそうな気がするなら、地下室に潜んでいるがらくたが、この身動きが取れないような感覚の原因かもしれません。

裏口

　ここはすべてのものがあなたの家から出て行く場所であり、いわば家の排出器官を象徴するところです。そのためこの部分ががらくたでいっぱいになっていると、あなたの家はさしずめ便秘状態になってしまいます。

廊下と通路

　「気」を流れやすくし、廊下を通って上の階や家の他の部分に届くことができるようにしなければなりません。したがってここでも、この流れをさまたげる散らかりを常に取り除かなければなりません——よくみられる危険地帯は、戸口の両側と壁の空いている部分ですから注意しましょう。廊下と通路がものであふれていると、家の中のエネルギーの導管が詰まったような感覚を生み出し、人生における前進ができなくなってしまうでしょう。

がらくた除去計画

　計画に取りかかる前に、何をそのままにして何を動かすのか、何を捨てて何を人にあげるのかを見極める必要があります。そうする気にならないとしても、どうか耐えてください。というのは、部屋や空間を片付けることは癒しになるからです。古いエネルギーを追い払い、新たな可能性をもたらしてくれるのです。

　今後の人生でこれ以上使う可能性もなさそうなものに、なぜこれほどまで強く愛着を覚えるのでしょう。自分の空間を、意識的にも無意識的にも、どのように見ているのかよく考えてみましょう。そして今後どうすれば部屋や持ち物に支配されることにならないか考えてみましょう。

片付けをする時、すべてのものを捨ててしまう必要はありません。このバスルームでは、素敵なバスケットを上手に使って雑多な品物を収納しています。

あなたのがらくたを評価する

　さあこれは難しいことです。ペンとメモ用紙を持って家の中を回り、一番がらくたが多い部分を書き出してください。がらくたの山が大きいか小さいか印をつけておきましょう。一番いらいらを感じているところをはっきりさせて、まずそこから始めましょう。また、八卦(p14参照)によって判明した混乱のある場所にも注目しましょう。もし職業上の問題を抱えていて、職業に関わる部分がごみでいっぱいになっているなら片付けをして、あなたの職業生活がどう改善されるか様子を見ましょう。一度に戸棚1つまたは1部屋に取り組む程度でのんびり始めてください。そうしないと大変な大仕事になってしまいますから注意しましょう。

袋に入れましょう

　丈夫なごみ袋かしっかりした段ボール箱を5つ用意しましょう。1つ目の袋には「がらくた」(廃棄予定のいらないものすべて)、2つ目には「慈善団体または友達行き」(使えるものだがあなたは飽きてしまったもの、しかし他の人は気に入るかもしれないもの、あるいは売れるかもしれないもの)、3つ目

要らないものや使うあてのないプレゼントはスーツケースの中に隠してしまいたくなるものですが、そうするとこの部分にエネルギーの停滞を招くだけです。

には「修理が必要なもの、または部分的な変更が必要なもの」(リフォームするものも含む)、4つ目には「分類して他の場所へ移動するもの」(使えるものでしまう場所を決める必要があるもの)と、それぞれ書き込んでください。5つ目の袋にはまだ完全に処分するわけにはいかない一時的なものを入れましょう(6ヵ月保存して、それらがないと困るようなことがあれば元に戻しても良いでしょう。そうでなければ、処分しましょう)。

　服に関してはきっぱりと、気に入っていて定期的に着ているものだけ残しましょう——おそらくほんの数パーセントにしかならないはずです。はっきりしないものは着てみて、サイズがあわなかったり気に入らなかったりしたら処分しましょう。また、今後は本当に満足できないものは決して買わない、とはっきり心を決めましょう。

がらくたチェックリスト

がらくたに分類されるのは次のようなものです。
- 壊れていて修理が不可能なもの
- 見るたびに嫌気がさすもの
- もらったけれど必要のないプレゼント
- 流行遅れのスタイルまたはサイズがあわないもの

次のようなものはがらくたではありません。
- 見るたびに愛着を感じて良い気分になるもの
- 実際に愛用しているもの
- 仕事上の役に立っているもの

寝室
魂が休息する場所

寝室は私的な安息所で、1日の心配から解放されるところです。ここで私たちは、滋養を与えられるような感覚や、心や感情や魂を新たにできる力を手に入れる必要があるのです。眠ったり、本を読んだり、夢をみたり、愛しあったり、秘密や心の動揺を分かち合うための聖域でもあります。これらの目的のために寝室は落ち着いた静かな場所でなければならないのです。

柳製の収納家具は寝室の落ち着いた雰囲気になじんでいます。但し生花はエネルギーを吸い取ってしまうので部屋に持ち込まないようにしましょう。

エネルギーの交通渋滞

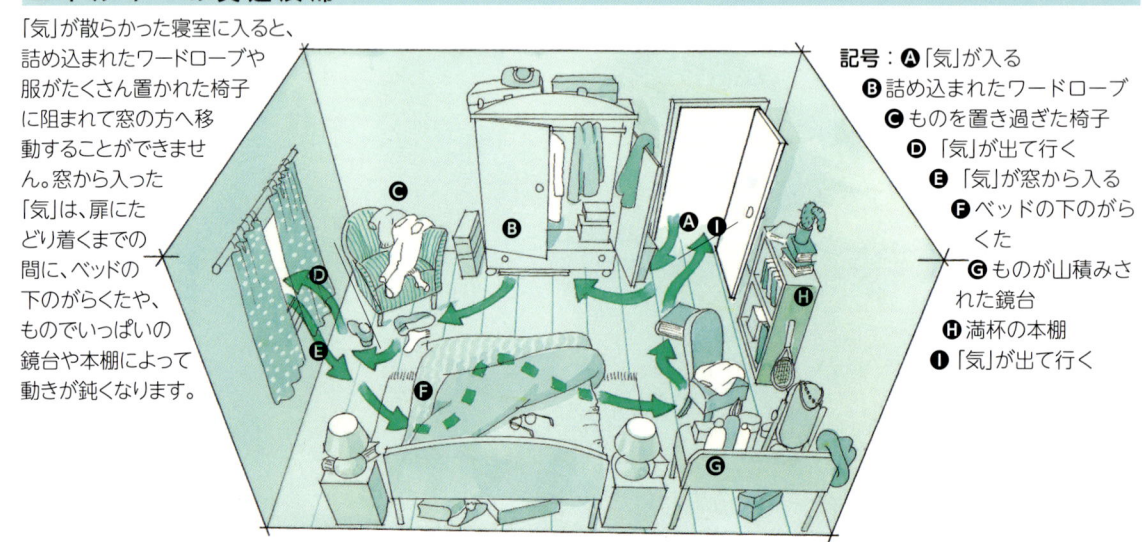

「気」が散らかった寝室に入ると、詰め込まれたワードローブや服がたくさん置かれた椅子に阻まれて窓の方へ移動することができません。窓から入った「気」は、扉にたどり着くまでの間に、ベッドの下のがらくたや、ものでいっぱいの鏡台や本棚によって動きが鈍くなります。

記号：**A**「気」が入る
B 詰め込まれたワードローブ
C ものを置き過ぎた椅子
D「気」が出て行く
E「気」が窓から入る
F ベッドの下のがらくた
G ものが山積みされた鏡台
H 満杯の本棚
I「気」が出て行く

エネルギーの高速道路

「気」がきれいになった寝室に入ると、片付いたワードローブや椅子のまわりを楽に通り抜け、窓から出て行きます。窓から入ってくる「気」は、ものが置かれていないベッドの下やすっきりした鏡台の上、きれいに整頓された本棚のあたりをくねくねと曲がるように流れて部屋から出て行きます。

記号：**Ⓐ**「気」が入る **Ⓑ**散らかりを取り除いたワードローブ **Ⓒ**ものを取り払った椅子 **Ⓓ**「気」が出て行く **Ⓔ**「気」が窓から入る **Ⓕ**ベッドの下には散らかりがない **Ⓖ**安定感のある一枚板のヘッドボード **Ⓗ**丸いランプのやわらかな光 **Ⓘ**天然木のフローリング **Ⓙ**整頓された鏡台 **Ⓚ**本を最小限に絞りきちんと片付けられた本棚 **Ⓛ**「気」が出て行く

　この部分を流れる「気」のエネルギーは陰の性質が強く（受動的）、だらだらと、くねくね曲がることを好む傾向があります。寝室に詰め込まれているものが多すぎると、「気」の流れが妨げられて、あなたが求めているリラクゼーションも元気回復も得られないでしょう。散らかりはあなたの異性関係の状態を象徴することもあります。パートナーをあなたの人生から締め出したいという潜在的な願望があるのでしょうか？　それとも、混沌とした結婚生活を反映しているのでしょうか？

エネルギーの落とし穴

　寝室にたくさんものを保管しすぎると、「気」の調和のとれた流れを妨げます——ですから、断固とした態度で取り組みましょう。

服：ワードローブや引き出しが服でぱんぱんになっていないでしょうか？　大半の人は持っている服のわずか20パーセントしか着ないのです。服を捨てられないなら、過去への執着が強すぎることが考えられます。脱ぎ捨てられた服の山はエネルギーの停滞を招きますから、毎晩服をハンガーに掛け、洗濯かごを寝室に置いたまま眠るようなことは避けましょう——昨日の服は淀んだエネルギーを放つのです。

ベッドの下：ここにはものをしまいたくなるものですが、もしそうしてしまうと、それらのものがエネルギーの「停滞」を招きます。ベッドは健康とロマンティックな幸せへあなたを導いてくれる場所であるべきです。こうした重苦しいエネルギーの上で休むと、落ち着いて眠ることができなくなることがあり、異性関係を崩壊させかねません。

ワードローブの上：スーツケース、寝具用品や箱が不安定に置かれていると、圧迫感があり、睡眠に影響するでしょう。これが原因で目覚めた時に頭痛がすることもあります。これらが視界に入ることが、だるさや起き上がりにくさの原因となっているかもしれません。

鏡台：不要な化粧品を処分しましょう。過激な色の口紅やマニキュアをいつか好きになることなどないでしょう。ほとんど空になった化粧水や香水の瓶も同様、いつも使っている新しいものだけにしましょう。

私的な聖域

まず最初に部屋を評価しましょう。部屋の色やそこから感じられるエネルギーは好きですか、そして中にいるとくつろいだ気分になれますか？寝室はあなたの将来の夢を反映していることが必要です。

愛のための場所

パートナーが欲しいのなら、その人を招き入れたいと思うような部屋にしていますか？ もしあなたの部屋に前のパートナーとの思い出の品があるなら、もしかしたらあなたも無意識のうちに過去の関係に自分を縛り付けようとしているのかもしれません。新しい恋人はこのエネルギーを吸収して、拒絶されたような気持ちになるでしょう。また、長期間つきあっていたパートナーが眠っていたベッドにはその人のエネルギーが残っているものです。ベッドかマットレスを変えましょう。あるいはせめてカバーやシーツだけでも新しいものを買いましょう。パートナーと一緒に住んでいるなら、その部屋があなたがた2人を反映したものか確認してください。問題のある関係はたいていあなたに反映されるものです。テレビやパソコン、鏡のついたワードローブの扉などは陽のエネルギーが強すぎるので部屋の外に移動させるか、せめて夜はカバーをかけましょう。1人でいることに満足している場合は、あなたの部屋は感覚を喜ばせるような場所かどうか考えてみましょう。部屋の中のものはあなたが今いる状態あるいはあなたが望んでいる状態を表していますか？

ワードローブの膨れ上がるほどの着ない服は、あなたを過去に縛り続けてしまうでしょう。いらない服を処分して、上の写真のようにきれいに収納できる「カプセル・ワードローブ」を作りましょう。

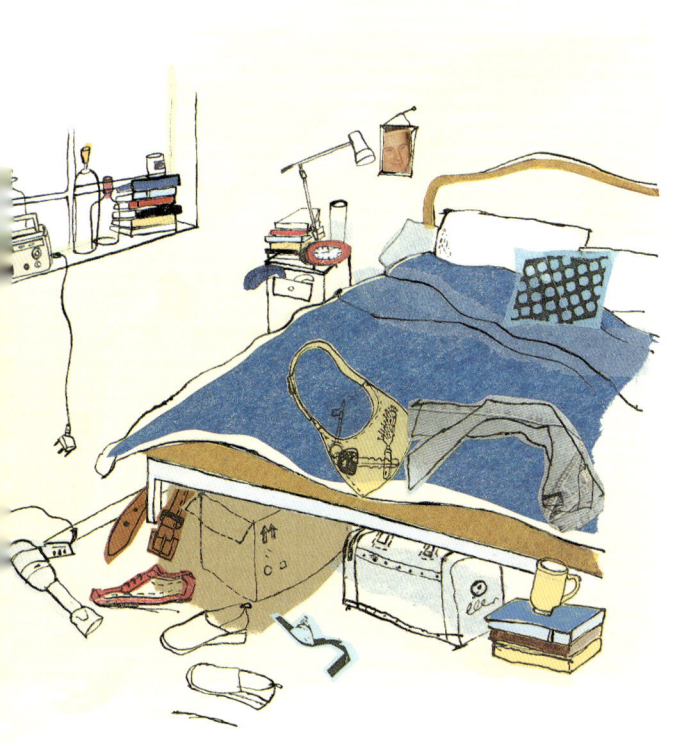

色、雰囲気および照明

　寝室の色から発せられる振動性のエネルギーはあなたに大いに影響し、ネガティブな気分にさせることもあります。風水上の良い色は赤系です――オレンジ、やわらかいピンク、アプリコット色は官能性を高めます。パステルブルーや緑、ラベンダー色は気分を落ち着かせ、静かな雰囲気を作り出します。

　照明について慎重に検討しましょう。調光器付きのスイッチはよりやわらかな雰囲気を作り出し、丸いベッドサイドランプは夜の読書のための暖かな光をもたらしてくれます。揺らめくろうそくの炎はロマンティックな感じをプラスしてくれますし、香やアロマバーナーから流れるゼラニウムの良い香りは心地良いリラクゼーションを促します。眠る前にはろうそくを全部消しましょう。

ベッドの下に投げ込まれたがらくたは、停滞したエネルギーとなって、あなたの健康に影響します（左上の図）。不必要なものを片付けて、本当に必要なものだけを左の写真のようなブランケットボックスにしまいましょう。中味を出し入れする時のために、ボックスの上に置くのは簡単に動かせるものにしましょう。天然木のフローリングは「気」の流れを良くするのに効果があります。

整頓された喜び

　寝室のものを合理化できたところで、この部屋に最も求められている安らかな雰囲気を作り出すためにお気に入りのものを収納するにはどんな方法が最適か考える必要があります。部屋をよく観察して、すきま家具を追加できるようなアルコーブ（壁の窪み）がないか調べましょう。あなたが目指していることは、寝室に入ってきた「気」がスムーズに流れるように床面や家具の上を清潔に整頓し、ワードローブを片付けることです。

収納法

　服と靴：残ったものを見てください。あなたのお気に入りのアイテムがまさに「カプセル」のようにコンパクトにまとまりました。夏物と冬物を別々にして、現在使っていないものはスペアルームのワードローブまたはスーツケースに収納しましょう。寝室が1部屋

シャツやセーター、Tシャツ、その他の衣類をしまうための十分な収納棚を設置することで、寝室を落ち着きのある整頓された空間にすることができます。

> **寝室の散らかりチェックリスト**
> 寝室が悪夢のように乱雑になっている人は、すべてを徹底検証して、5つの山に分類してください（p31参照）。
> - 服と靴：ワードローブと引き出しを空にして、本当に気に入っているものとそうでないものをはっきりさせましょう。
> - アクセサリー：壊れているものやほとんど身につけないものは処分しましょう。
> - 化粧品、ローション、香水、アフターシェイブローション：固まってしまっていたりほとんど空になったものはありませんか？
> - 寝具用品：ワードローブの上に積み重ねていませんか？ 他の場所にしまいましょう。また、古くなっていたり擦り切れたシーツ類は捨てましょう。
> - 本や雑誌：心を鬼にして、最小限のものだけを残しましょう。寝室にたくさんの本があることは風水では良くないのです。
> - 箱に入った古いスポーツ用品、壊れた電化製品、その他のがらくた全般：部屋のあちこちやベッドの下に散らばっているものは、今すぐ捨ててしまうか、どこか他の場所にきちんと収納しましょう。

寝室　**37**

しかない場合は、空間が最大限有効に利用できているか考えましょう──柳または籐製で、いくつか棚のある背の高い収納家具には様々なサイズのものがあり、部屋の隅のすきまにぴったり合わせることができます。これらはセーターやシャツ、Tシャツ、ショーツがしまいやすくできています。

今あるワードローブを見直すか、新調することを考えましょう──靴用の段になったラックを入れることができますか、ハンガーを吊るすスペースに余裕がある場合はキャンバス地またはメッシュ状のハンギングラックを入れることができますか？　セーターやシャツも大きめのハンギングラックにしまうことができます。ワードローブに棚があれば、収納されたものすべてが見えやすいアクリル樹脂製ボックスの様々なサイズのものを組み込みましょう。またはマルチハンガー（複数の衣類をまとめて掛けられるようになったもの）を使って吊るすスペースを有効活用しましょう。予備のソックスやストッキング、下着、ネクタイなどは箱に入れると引き出しの中にすっぽり納めることができます。または、ばらばらにならないように仕切り付きの箱の中に入れてしまうこともできます。

カバーやシーツ、寝具類：かさばる掛け布団、枕、カバーやシーツなどはベッドの足元に置いたブランケットボックスや柳のバスケットに入れて隠しておくことができます。

化粧品とアクセサリー：よく使う化粧品はきれいなアクリル樹脂製ボックスと仕切り箱を使って中に立てて収納したり、織物で作られた小さなかごに分けて入れることもできます。段になった箱か東洋風のボックスにアクセサリーを分類して入れると出し入れしやすくなります。

本や雑誌：最新の雑誌1～2冊だけと最小限の本をここに置くようにしましょう。小さな本棚かベッド脇のキャビネットの上にお気に入りの本を置きましょう。

その他のもの：ベッド下の引き出しにはしまわないようにしましょう。どこか他の場所か、ワードローブの中の棚にしまいましょう。

便利なプラスチック製の箱は狭い引き出しにもすっぽり入ってソックス、下着、スカーフを収納できます。

子供部屋 安心と刺激が同居する場所

子供にとって自分の部屋は特別な場所です。眠る場所であるだけでなく、外の世界からの避難所でもあり、ゲームをしたり、本を読んだり、創造力を発揮したり、宿題に取り組んだり、大好きなポスターを壁に張ったり、友達をもてなしたり、音楽を聴いたりする場所です。

子供部屋は主に休息するための部屋ですが、子供たちが宿題や趣味に取り組むための刺激を必要としている場所でもあり、ポジティブな「気」のエネルギーの恩恵を受けるのです。子供部屋が、気に入らないおもちゃやスポーツ用品や学用品であふれていると、「気」の流れが妨げられて、物事を明快に考えたり、積極的に行動したりできなくなってしまいます。

エネルギーの落とし穴

子供たちは悪名高い散らかし屋さんで、おもちゃや本を床中にばら撒きっぱなしにすることが多いものです。しかし、この混乱が部屋の雰囲気を乱し、子供たちの眠りを妨げることがありますから、定期的に片付けをするように上手く仕向けましょう。

遊びまたは勉強の場所：もしここにおもちゃの車や人形、ゲーム、CD、コンピュータゲームや学校の勉強関係のものが「爆発」していると、「気」を歪めることになり、質の良い睡眠を妨げることになります。

詰め込まれた戸棚：中にものが詰め込まれているために扉がしまらないと、圧迫されたような感覚が部屋の中に充満するでしょう（p20参照）。子供は潜在意識下で、すべてのものが身体の上に落ちてくるのではないかと不安を感じるかもしれません——もっともそういう状況を作り出したのはとうの子供自身なのですが。

エネルギーの交通渋滞

「気」は散らかった子供部屋の中に入ってきて、ものでいっぱいの戸棚のそばで動きが止められます。そこから窓へのルートは床の上の服やおもちゃ、そしてベッドの下のがらくたでさらに妨害されます。窓から入った「気」が扉に抜けるまでは、散らかった勉強机や床の上に散乱した本や服で動きが制限されています。

記号：**A**「気」が入る
B ものでいっぱいになった戸棚
C 散乱した服やおもちゃ
D ベッドの下の服やおもちゃ
E「気」が出て行く
F「気」が窓から入る
G ものでごちゃごちゃになった勉強机
H 床に積み上げられた本やおもちゃ
I「気」が出て行く

子供部屋 **39**

小さな壁掛け棚があると寝室のアクセントになり、色の鮮やかな小さなおもちゃを飾ることができます。

エネルギーの高速道路

「気」は整頓された子供部屋にするっと入ってきて、片付いた戸棚と収納されたおもちゃのあたりを均等に流れ、余計なものがないベッド部分から窓にかけて流れます。窓から入った「気」は整頓された勉強机の上を滑るように流れ、ものが置かれていない床の上から扉へと流れます。

記号：**A**「気」が入る **B** 整理し直された戸棚 **C** 汚れた服を入れる袋 **D** 積み重ね式の収納ボックスに入れられたおもちゃ **E** 散らかっていないベッドの下 **F** 丸いベッドサイドランプ **G**「気」の流れを遅くするための布の壁掛け **H**「気」が出て行く **I**「気」が窓から入る **J** 機能的に整理された勉強机 **K** 勉強用のアームライト **L** 服が片付けられた床 **M**「気」が出て行く

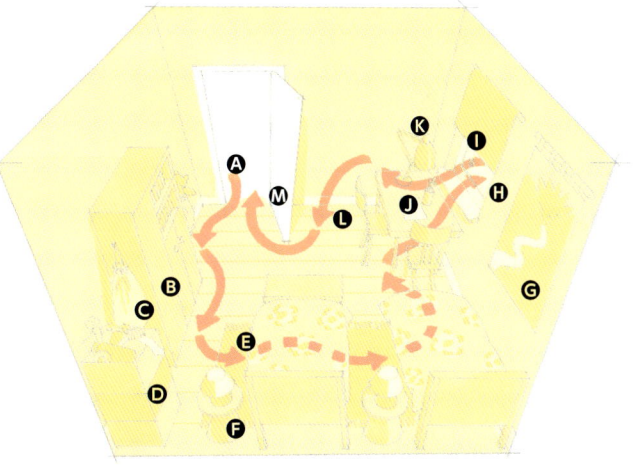

服：子供はその服に愛着があるからといって処分を渋るようなことはありませんが、服の山をばらばらに積み上げるのはお得意で、これがエネルギー停滞の元となって子供部屋の雰囲気を淀んで沈んだものにするのです。

ベッドの下：大人の寝室と同様（p33参照）この部分を片付けておきましょう。

子供部屋を片付いた状態にしておくことは、終わりのない闘いです。段になった収納家具をたっぷり用意して、夜になったら全部のおもちゃをしまうことを習慣づけましょう。

魔法の隠れ場所

　子供部屋を片付けると、あなたも子供たちも気分が良くなるでしょう(チェックリスト参照)——子供たちは何を言うかわかりませんが！　しかし実行する前に足を止めて、部屋をよく観察してください。家具、壁紙やペンキの色、ポスターや絵を評価しましょう。それらは子供たちの現在の姿を反映していますか、それとも過去に結びついているでしょうか？　子供たちは十分に睡眠をとっていますか、夜眠れないと訴えているようなことはありませんか？　大人たちの寝室と同様に、子供部屋も快適さが必要で、成長していく個性や魂に滋養を与えてくれる場所でなければなりません。

ふさわしい雰囲気

　もし子供部屋が混乱していたら、子供たちの行動や学校の成績がそれを反映しているかもしれません。プロジェクトになかなか集中できなかったり、実力に見合った評価が受けられなかったりするかもしれません。部屋のエネルギーも重苦しく、子供たちはやる気がなくなったり、熱心さに欠けるようになるでしょう。

子供部屋のあちこちにおもちゃが散らかされていると、子供たちはそわそわして落ち着きのない気分になります。軟らかい素材のおもちゃは吊り下げ式の収納袋やここにあるような便利な軟らかい素材でできたバスケットに片付けましょう(上の写真)。

子供部屋の散らかりチェックリスト
子供と一緒に部屋を調べて、おもちゃやその他の道具類を5つの袋システム(p31参照)にしたがって分類しましょう。
- おもちゃやゲーム：壊れているものは全部捨て、要らないものや使わなくなったものは誰かに譲りましょう。
- 本：お気に入りの本はとっておき、古いものは病院など社会の役に立つところへ寄付しましょう。
- コンピュータゲーム：熱が冷めたものは売却したり交換できないか確認しましょう。
- 服：実際に着られるものを分別して、小さくなったものは年下の子供に譲りましょう。

子供部屋 **41**

　子供たちが二段ベッドで寝ている場合は、すぐにでもばらばらにしましょう。というのは、下の段に寝ている子供が、制限されたり圧迫されたような気分に陥ることがあるからです。ティーンエイジャーの子供部屋ではコンピュータにカバーをかけ、陽のエネルギーが眠りに影響しないようにしてください。寝室にテレビを置くのは避けましょう。もし置いている場合には、絶対にベッドの方を向けないようにしましょう。そして夜はプラグを抜いて電磁波によるストレスを軽減しましょう。

色、雰囲気および照明

　たいていの子供は色に強く反応します。明るい色と壁紙のにぎやかなデザインは見た目は良いのですが、活発な子供には刺激が強すぎることがあります。そういう場合には、柔らかなパステルカラー、紫色、青、緑が子供たちを落ち着かせます。おとなしい子供たちにはピンクかオレンジで刺激を与え、想像性豊かな子供たちには黄色系の色でさらにその能力を伸ばすようにしてあげましょう。

混乱した子供部屋(左下の絵)は子供の睡眠に問題を起こす可能性があります。明るい原色の収納家具(上の写真)はどれも興味を引きつける力があってあまり活動的でない子供にはとても効果があります。引き上げ式のブラインドで大きなおもちゃを隠すことができます。

　寝室の照明は普通は柔らかく全体を照らすものですが、子供部屋では様々な活動が行われることから、作業をするのに十分な照明をすることが重要です。勉強エリアにはアームライト、本を読むために十分な明るさのベッドサイドランプを置きましょう。

　布製や紙製のモビールをベビーベッドやベッドの近くに吊るすと、赤ちゃんやよちよち歩きの子供たちをとてもリラックスさせることができます。ただしベッドの真上は避けてください。ティーンエイジャーの子供がアクションものや暴力的な内容のポスターをたくさん集めることは制限しましょう。そういったものは刺激が強すぎます。

収納の効果

　持ち物との格闘が済んだら、部屋を見渡して収納をできる場所があるかどうか考えます。吊り下げ式の収納用品は、ごくわずかの空間しか必要としません。子供部屋は眠ったり遊んだりといったいろいろな活動の場所ですから、ポジティブな「気」が自由に流れるように床の上にはものを置かないようにしましょう。

工夫に富んだキャンバス地の吊り下げ式ラックはポケットがたくさんあって、小さなおもちゃや小さな衣類を入れることができます。

収納家具を明るい色に塗って、ステンシルで模様をつけると背景と調和させることができます。

収納法

おもちゃやゲーム：子供はたいていお気に入りのものがあるはずですから、それらがすぐに手に取れるようにしておきましょう。子供たちに毎晩片付けをさせるようにしましょう。片付けをすれば気分が良くなることを説明してやるのです。木製のチェストまたはブランケットボックス風の箱は軟らかい素材のおもちゃですぐにいっぱいになるでしょう。透明またはカラフルなプラスチック製の積み重ね式ボックスは床の上に置いても、木製家具の中に入れても使うことができ、積み木、レゴブロックや小さなプラスチック製のおもちゃの収納に最適です。布張りのふた付き箱も便利で互いに積み重ねて使うことができます。おもちゃの兵隊たちやその他のとても小さいものには底の浅い引き出しがある木製の収納家具が理想的です。

　キャンバス地や木綿製の吊り下げ袋を壁やワードローブのフックに吊るしておくと様々なものを入れられます。かさ張るゲームは木製か金属製の収納棚に重ねておくのが最適です。

本：あまりたくさんの本を寝室に置いておくと刺激が過剰になりますから、子供を説得して厳選したものだけを部屋に残すようにし、それらを本棚にきれいに並べさせましょう。

コンピュータゲーム、ディスク類、ソフト、CD：これらの新種のがらくたはティーンエイジャーの部屋に特に蔓延しているものです。ティーンエイジャーの子供たちに部屋をきれいにしておかせるのは難しいものですが、ディスク類やCDをプラスチック製のボックスや本棚にしまい、ソフトやコンピュータ関連のマニュアルは戸棚か収納棚の見えない場所にしまうように言い聞かせましょう。

服と靴：明るい絵柄のついた木綿の吊り下げ収納は

子供部屋　43

小さな子供たちの靴を何足もしまうことができます。大きい子供たちやティーンエイジャーには段になったシューズラックやキャンバス地またはメッシュの吊り下げ式ラックをワードローブの中に納めて使うことができます(p37参照)。部屋の改造をするつもりなら、作り付けのワードローブを設置して十分な吊り下げスペースと棚をいくつか設けることを検討しましょう。この棚にはトレーナーやTシャツ、セーターなどの衣類を積み重ねておくことができます。引き出し式のプラスチックケースに入れておくとなお良いでしょう。ここでも、複数のスカートやズボンをかけておけるマルチハンガーを使って吊り下げスペースを有効利用しましょう(p37参照)。

　夜、服を床の上に置きっぱなしにするのはやめさせましょう――服はハンガーにかけるか、キャンバス地の袋かランドリーバスケットに入れるものです。

キャスター付きの明るい色のプラスチック製収納ボックスは、たくさんものが入る上に子供部屋の中を簡単に移動できます。ただし、睡眠の妨げになる恐れがありますから、ベッドの下をそれらの定位置にしないようにしましょう。

台所 ポジティブなエネルギーを与える場所

家の「心臓部」とみなされることも多い台所は、家族が集まって食事をし、情報を仕入れたりくつろいだりする場所です。暖かく気持ちの良い雰囲気が必要で、そこでは誰もが心地良い空間の中で包み込まれるような感覚を味わい、料理をする時の素晴らしい香りに五感が刺激されるのです。

台所は他にもたくさんの機能を持つようになりました。子供たちは宿題をし、大人たちは新聞や本を読むために半時間ほど過ごしたり、友達がおしゃべりやコーヒーを楽しむためにやってきたりします。ここは家族が食事をとって栄養を補給する場所ですから、そこを流れるエネルギーはポジティブで強い陽の性質のものが必要です。調理台や冷凍冷蔵庫、戸棚、そして床が散らかっていると「気」の流れが遮られ、そこに必要とされているバランスと調和を保つことができなくなるでしょう。

エネルギーの落とし穴

戸棚にものを入れ過ぎているために香辛料の瓶や小麦粉の袋が見つけられなかったり、ものでいっぱいの調理台の上で目的の台所用品をいつも探し続けているようなら、徹底的な片付けをすべき時はとっくに過ぎています。

台所まわりには、暖かさや満ち足りた感じが十分に漂っていなければなりません。床面や台やテーブルの上をすっきりさせた状態を維持し、十分な棚とキッチンユニットを備えることで、「気」の流れを良くします。

エネルギーの交通渋滞

「気」はものでいっぱいの台所へ入ってきて、窓の方へと進みますが、ものを詰め込み過ぎた戸棚、満杯のごみ箱、ものがあふれる流しによって妨げられます。窓から入ってきた「気」のスムーズな流れはものでいっぱいの棚と汚い床で止められてしまいます。

記号：Ⓐ「気」が入る Ⓑものを詰め込み過ぎた戸棚 Ⓒあふれているごみ箱 Ⓓ散らかった流し Ⓔ「気」が出て行く Ⓕ「気」が窓から入る Ⓖものが多すぎる棚 Ⓗものでいっぱいの調理台 Ⓘ散らかった床 Ⓙ新聞 Ⓚ「気」が出て行く

エネルギーの高速道路

「気」は片付いた台所に楽に流れ込んできて、きれいになったごみ箱のまわりを通り、清潔な流しを越えて窓から出ていきます。窓から入ってくる「気」は片付いた棚の上や、整頓されたごみ箱ときれいな床のあたりを自由に流れ、扉から出て行きます。

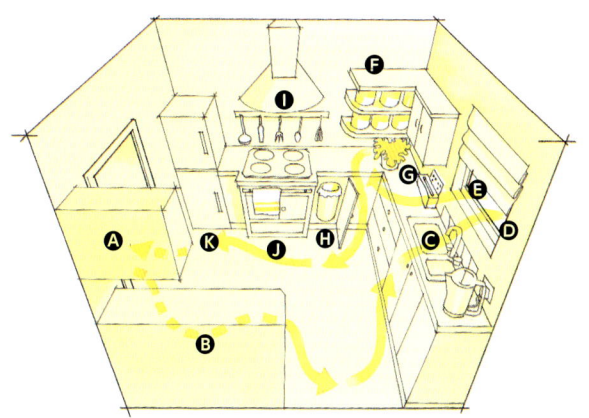

記号：Ⓐ「気」が入る Ⓑ片付けられた戸棚 Ⓒものを片付けて空になった流し Ⓓ「気」が出て行く Ⓔ「気」が窓から入る Ⓕ機能的に整理された棚 Ⓖエネルギーを放出している植物 Ⓗ空にして見えないように隠したごみ箱 Ⓘ吊り下げた調理器具 Ⓙものが置かれていない床 Ⓚ「気」が出て行く

戸棚とキッチンユニット：これらにものを入れ過ぎるととても重苦しい雰囲気になります。包装食品（箱や袋に入った食品）の賞味期限を確認しましょう――もし期限を過ぎたものがあれば、ネガティブなエネルギーをそのあたりに呼び込んでいることになります。停滞したエネルギーは要らなくなったりひびの入った調理器具からも出ています。

調理台：あまりたくさんの調理器具や調理小物、保存用の瓶その他の台所用品で埋め尽くしてしまうと、「気」の流れが衰えて、台所で調理したり食事したりする時の気分に悪い影響を及ぼすことがあります。

ごみ箱：満杯になったごみ箱はネガティブなエネルギーを生み出し、エネルギーの流れの停滞が深刻になります。定期的に空にしましょう。

冷蔵庫と冷凍庫：家族の健康や豊かさを象徴するために、常に食料でいっぱいになっていることが多い場所ですが、ここでも、賞味期限には気をつけましょう。期限切れの品物を保存しておくと、家族の幸福にとって非常に有害となることがあるからです。

電化製品：ポジティブなエネルギーは台所の電化製品から発せられますが、壊れたものが調理台の上に放置されていると、エネルギーの停滞を招き、部屋の楽しい雰囲気に影響を及ぼすことになります。

床まわり：瓶、新聞、その他のものが台所の床に乱雑に積み重ねられていると、だらしなく見えるだけでなく「気」の流れも非常に緩慢になります。

滋養のための場所

　台所から新鮮でなくなった食品を取り除き、電化製品の修理をすると、気分が良くなりますが(チェックリスト参照)、部屋の雰囲気に注意することも必要です。あなたは台所を気に入っていますか、台所のエネルギーはあなたを包み込んでいますか？　調理台の上は散らかり戸棚も乱雑なのでいらいらした気分ですか？

　戸棚の中にこの先何年も使えるほどの包装食品が入っているとしたら、家族に必要な滋養を与えてくれるような環境とは言えません。どうしてそんなに食料をため込むのでしょうか——潜在意識の中で足りなくなることを心配しているのでしょうか？　それは子供時代に食料が乏しかったことに関係するものですか？　買い置きはできるだけ常識的な量にとどめるようにしましょう。コンロを点検しましょう。バーナーが詰まっていると、ポジティブな[火]のエネルギーを制限することになり、食物から得られる恵みを減少させ、さらには富に関係するチャンスを妨げることもあるのです。コンロが流しまたは冷蔵庫/冷凍庫のすぐ隣に設置されている場合、[火]と[水]の間の対立を引き起こし、部屋の雰囲気を混乱させることになります。これらの間に木製か金属製の家具を置くことでバリアを作り、対立を避けましょう。キッチンテーブルが梁の下になっている場合、梁から下向きに発せられる「鋭い気」(刃物のように鋭く発せられる有害な「気」)の影響を受け、これは風水上良くありません。「鋭い気」は尖った角の近くにあるテーブルにも影響し、害を及ぼすことがあります。どちらも食事時の争いの原因となることがありますから、テーブルを梁のある場所から移動し、「鋭い気」を植物で遮りましょう。

オープン棚が台所用品でぎっしりになっていると(上の絵)混乱や障害をもたらしますから、要らないものは処分し、見栄えのするグラスや陶器、保存瓶などを飾りましょう(左の写真)。

色、雰囲気および照明

　台所には風通しが良くさわやかな雰囲気が必要で、ここでは白が効果的です——中国ではこの色は清浄を象徴します。理想的な台所の場所は家の東または南東（[木]の方角）ですから、もしあなたの台所がこの方角に面していたら、緑（[木]）または青（[木]）の色を使うことでエネルギーを増強することができます。なぜなら、循環的に作用する5つの基本要素同士の関係によれば[水]は[木]を作り出すからです。木のフローリングと木製家具は自然の暖かみをプラスします。

　南（[火]の方角）に面した台所では濃い赤を使わないように気をつけましょう。濃い赤は[火]の要素を過度に強調することになるからですが、白とメタリックカラーの小物を使うとこの作用を和らげることができます。

　十分な照明はポジティブな陽のエネルギーをもたらしますから、ダウンライトやスポットライトをプラスし、吊り戸棚の下に線型照明を設置して調理エリアを照らしましょう。

乱雑な流し、満杯のごみ箱、その他のがらくたは台所の調和を壊します（上の絵）。ごみ箱をシステムキッチンの中に隠し、その他の台所用品をきれいにしまうと、落ち着いていながら人を招き入れるような雰囲気を作り出せます。白は清潔さを象徴していることから台所に適した色です（左の写真）。

合理化で残ったものの収納

台所の中で本当に必要なものとそうでないものを見極めることに、毅然と戦ってきてくたくたに疲れきってしまったなら、ここで一休みして、残されたものの収納の選択肢を増やすにはどうすればいいか考えてみましょう。戸棚や棚、壁面収納を増やすスペースがあるかどうか見てみましょう。

収納法

包装食品、ソース類、缶詰類：システムキッチンなのに、それでもまだ保管しきれないくらいの包装食品があるという場合には、収納家具の追加を検討しましょう。スリムな戸棚は小さなすきまを有効利用できます。

陶器やガラス器：台所か食堂部分のオープン棚部分にディスプレイしてアクセントにしましょう。木目のままあるいはペイントされたマツ材の飾り棚でガラス扉のついたものも同様に利用できます。

果物や野菜：すぐに使うこれらの食べ物を保存するのに良い方法は、プラスチック製のかごに詰めて、調理台の下のオープン棚の上または扉の中にしまうことです。柳製のバスケットも単独で使ったり、いくつか積み重ねて調理台の下に滑り込ませると見た目もきれいです。スペースに余裕がない場合、金属製のメッシュのかごに入れて壁か天井にとりつけたフックから吊り下げることもできます。あるいは、かごが段になってついているクロームめっきのワゴンは簡単に動かして隠してしまえるので便利です。

掃除道具：これらはたいてい流しの下の暗黒のジャングルに押し込められているものです。これを解決する1つの方法は、ワイヤー製の容器に様々な仕切りをつけ、ランナーの上を前後に滑らせるようにすることです。あるいは、アイテム別に別々のかごかプラスチック製の箱に入れ、流し台の棚に重ねると良いでしょう。

調理器具や調理小物：調理台の上に出しておくものは最小限にとどめましょう。刃の鋭い包丁は包丁収納ユニットか木製の包丁差しにしまいましょう。包丁をマグネットラックにつけておくのは絶対にやめてください。尖った先端が有害な「鋭い気」を生み出すことになるからです。他の器具はレールにつけたフックに吊り下げることができます。場合によってはコンロの上に設置してもかまいません。収納スペースに余裕がないなら、ソースパンやマグカップもレールに吊り下げても良いでしょう。

その他のもの：キッチンワゴンは便利で、使っていない時には調理台の下や台所の脇に置くことができます。上がタイル貼りや木になっていると調理の際の予備スペースになり、ワインやよく使う陶器、調理器具、ふきんなどは下に収納できます。引き出しや便利な吊り下げ用レールがついているものもたくさんあります。

保存瓶、保存食品、パスタ入れ：これらはディスプレイ用の品物として有力な候補ですから調理台から片付けて、すっきりしたオープン棚へ置き直しましょう。スパイス類を全部しまうために細長い棚やラックを用意して取りやすくすると、戸棚の中のスペースを少し空けることができます。

電化製品：トースター、電気ポット、コーヒーメーカーなどいつも使うものだけを残しましょう。ワッフルメーカー、ミキサー、ジューサー、フードプロセッサーなどの他のものは、深い引き出しにしまうか、奥行のある戸棚に置きましょう。

不必要な台所用品を捨ててしまったら、保存瓶や酢、油など見た目が良いものをオープン棚にディスプレイしましょう。

台所の散らかりチェックリスト

すべての戸棚を調べて、5つの袋システムにそってものを分類しましょう(p31参照)。

- 包装食品、ソース類、缶詰類：古くなったものを調べて賞味期限を過ぎたものは捨てましょう。
- 瓶、新聞、古いダンボール箱、手提げ袋：これらはリサイクルし、定期的に回収場所へ持ち込みましょう。手提げ袋は再利用のためにとっておきましょう。
- 電化製品：壊れている場合は修理に出すか、処分しましょう。
- ごみ箱：ごみはエネルギーの停滞を招くので毎日空にするように努めましょう。
- 流しの下：洗剤と道具の分類をして定期的に使うものだけを残しましょう――衝動買いしたけれど使っていないものは処分しましょう。
- 冷蔵庫／冷凍庫：各棚を調べて、新鮮でないもの、賞味期限切れのものを取り除きましょう。
- 調理台：調理器具は最小限に絞り、ガラス製の保存瓶は再利用しましょう。

玄関 人と気を通す家の「口」

家の表玄関と廊下は、あなたの家を訪れた友達や来客がまず最初に目にする場所です。それはあなたの個性を反映する場所であり、嬉しい歓迎と哀しい見送りの場所でもあります。家の内外と世の中との接点とも言えます。玄関は明るく歓迎するような——人を招き入れるような場所でなければなりません。

バランスや調和を生み出す効果があるエネルギーである「気」は、玄関を通って入ってきます。玄関はいわば家の「口」で、ちょうど食べ物を私たちの身体にとり込むのと同じ働きをしています。

「気」は遮られることなく力強くポジティブに流れる必要があり、玄関まわりに成長し過ぎた草花や木があるとその流れを妨げるので、剪定しておきましょう。「気」は家の中に入るとすぐに、箱やベビーカーやあふれそうになったコートラックのようなものと格闘しながら前に進まなければならないのです。このことが象徴的に意味しているのは、あなたが人生を苦しいものだと感じているということです。

エネルギーの交通渋滞

「気」は玄関から入ってきますが、まず扉の後ろのものに遮られ、次に障害物によって2階へ上がることができません。廊下を進もうとする「気」は床にたくさん置かれたものとぱんぱんに膨らんだ戸棚に動きが制限されます。

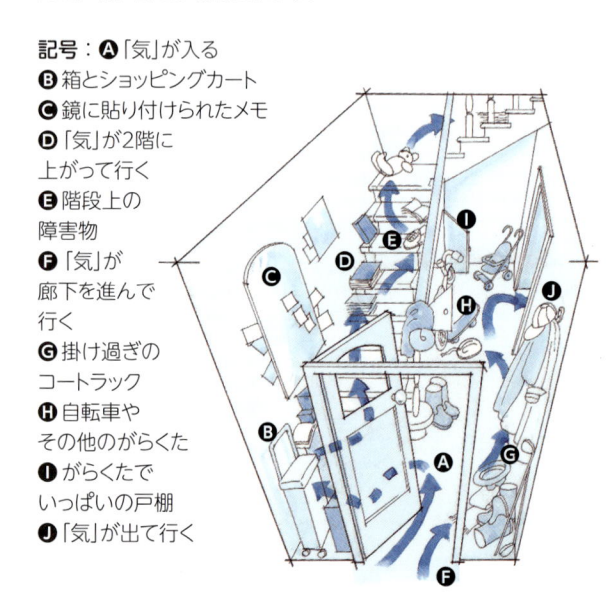

記号：**A**「気」が入る
B 箱とショッピングカート
C 鏡に貼り付けられたメモ
D「気」が2階に上がって行く
E 階段上の障害物
F「気」が廊下を進んで行く
G 掛け過ぎのコートラック
H 自転車やその他のがらくた
I がらくたでいっぱいの戸棚
J「気」が出て行く

エネルギーの高速道路

「気」は片付いた家の中にくねくねと曲がりながら入ってきて、ウィンドチャイム（洋風の風鈴）によって動きが抑えられ、収納家具やきれいな鏡のあたりを楽々と流れ、片付いた明るい階段を上がっていきます。廊下を進む「気」はきちんと片付いたコートラックとかさ立てのあたりから、ものの置かれていない床にそって流れ、植木のところでスピードを緩め、整頓された戸棚にそって流れます。

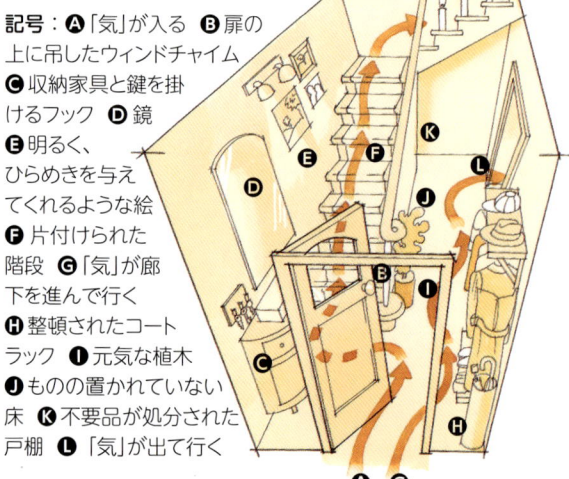

記号：**A**「気」が入る **B** 扉の上に吊したウィンドチャイム
C 収納家具と鍵を掛けるフック **D** 鏡
E 明るく、ひらめきを与えてくれるような絵
F 片付けられた階段 **G**「気」が廊下を進んで行く
H 整頓されたコートラック **I** 元気な植木
J ものの置かれていない床 **K** 不要品が処分された戸棚 **L**「気」が出て行く

玄関　**51**

玄関は来客があなたの家を訪れた時に一番最初に目にする場所ですから、片付いていて、明るく、人を歓迎するような雰囲気と十分な明るさが必要です。

玄関のテーブルまたは机：地方新聞、ダイレクトメール、支払いの済んでいない請求書が積み重なっていると、エネルギーの停滞の元となり、あなたの人生における発展のスピードを鈍らせます。

アルコーブ（壁の窪み）：これらは散らかりを引き寄せやすい危険な形をした場所で、ネガティブなエネルギーを形成します──警戒してください。

階段：ファイル、本、書類を階段に置いておくと、「気」の流れを制限することになり、2階へ上がるたびに重苦しい感じを受けます。

階段下：ここがありとあらゆるがらくたとDIY用品が吸い込まれて行く「ブラックホール」となっていたら、その淀んだエネルギーは家の中の他の部分にまで染み出していきます。このことがそこに暮らす人々にけだるさや落ち込んだ気分をもたらすことがあります。

エネルギーの落し穴

　誰もが床一面にいろいろなものをでたらめに散らかして置きたくなる玄関ですが、ものがあふれるようになった玄関はやがてあなたを疲れさせるようになります。人生の方向を見失ってしまったような気がするかもしれません。そして「気」がこの部分にきちんと入ってくることができないために、あなたがしようとすることすべてが制限され、新たなチャンスが遮断されるようになるでしょう。

玄関ポーチと玄関：古い傘、ゴルフクラブ、自転車、ベビーカー、箱、泥塗れの靴や長靴につまずくことは、常にうっとおしさといらいらを感じさせることになります。妨げられた「気」の流れは雰囲気を乱し、来客があなたの家に入ると落着かない気分になります。

玄関の散らかりチェックリスト

保管するものと捨てるものを5つの袋システムで山を作りながら分別しましょう（p31参照）。

- **靴、長靴、ウォーキングシューズ、スポーツシューズ**：ワードローブに戻すか、履きつぶしたものはごみ箱に入れましょう。
- **ダイレクトメール、新聞、請求書、鍵**：山に分類して、大事なものはファイルし、残りはリサイクルするか処分しましょう。
- **コートラック**：すべてのジャケットとコートを調べて、今着ているものを確かめたら、残りは処分するかどこか他の場所に保管しましょう。
- **自転車、ベビーカー、ゴルフクラブ、スポーツ用品**：必要でなくなっているなら売却するか誰かに譲るかしましょう。そうでなければ、適切な収納法を見つけましょう。
- **DIY用品**：階段下に潜んでいる干からびた充填剤、塗料、古くなった接着剤やその他使えなくなったものを処分しましょう。

中の世界

　玄関と廊下から障害物を取り除くと、人生を前進していくのを助けることになりますが(チェックリスト参照)、全体の雰囲気を確認することも忘れないでください。明るくて人を招き入れるような雰囲気ですか、それとも、暗くて窮屈な雰囲気ですか？　人生に対するあなたの思いを映し出すような雰囲気ですか？

玄関の設計上の問題

　玄関と廊下が散らかっているなら、なぜあなたは家の中に良いものを取り込むのを止めているのか自問してみましょう。扉の開きかたを見てみましょう──「気」を招き入れるのを妨害するがらくたで塞がっていませんか？　玄関まわりの位置関係を観察してみましょう。風水では玄関の真向かいに階段が続いているのは好ましくなく、直線状の階段よりも曲線状の階段がより好ましいとされています。あなたの家の階段が扉に面しているなら、玄関扉の上にウィンドチャイムを吊るすと、エネルギーの流れを遅くさせるのに役立ちます。

色、雰囲気および照明

　玄関の外側には暖かく人を招きいれるような明かり、内側には天井からの十分な明かりがあると、人を招き入れる雰囲気を高めます。狭い廊下を広くするには、側壁に鏡を吊り下げましょう。来客を2階に導くには、明るく活気付けてくれるような絵を階段にそって飾りましょう。このあたりは、歓迎するような雰囲気が必要なので、柔らかなパステルブルー、パステルグリーン、パステルピンクまたは白もしくはクリーム色のような心和む色が壁紙や塗装に適しています。

左　白または柔らかなパステルカラーは狭い廊下を広く見せるのに役立ちます。この部分は殺風景であってはいけないので、がらくたを取り除いたら、元気の出るような絵を掛けたり、趣のある照明をつけたり、椅子やテーブル、小さな収納家具を置きましょう。

左　コートやジャケットやスカーフがたくさんありすぎるとコートラックがあふれてしまいますから、必要のないものは処分してください。あなたや家族にとって機能的なスタイルの収納法を選びましょう。

収納法

大掃除が済んだら、この場の心地良い雰囲気に溶け込むような収納にするにはどうすれば良いかよく考えましょう。趣のある東洋の壺には傘を立てることができます。

靴、長靴、スポーツシューズ：段になったプラスチック製または金属製の靴用ラックをポーチや玄関扉の横に置けば何足か収納できます。または、開き戸付きの趣味の良い木製の靴箱か、背の高い細長いキャビネットで下に靴用に斜めの板がついていて、上が便利な棚になっているものを廊下に置いて使いましょう。

帽子、コートおよびジャケット：ものをかけるための横木がついていて、帽子やスカーフが置けるように平らな部分のあるコートラックを選びましょう。あるいは、昔ながらのスタイルのコートスタンドを空いている隅に置きましょう。スリムなデザインの収納家具で外側にフックがついて、靴を入れた棚を隠す引き戸のついたものもあります。

ダイレクトメール、請求書および鍵：机か背の低い木製の引き出し付き収納家具があると、これらをしまうことができます。鍵は壁に吊り下げて簡単に手に取ったり戻したりできるようにしましょう。興味をもったチラシはひとまとめにして、引き出しの中のファイルか厚紙製のマガジンファイルにしまいましょう。請求書は仕切りのついたプラスチック製フォルダーに入れましょう。

自転車、ベビーカー、スポーツ用具、DIY用品：自転車はなるべくガレージか倉庫や物置、階段の下にしまいましょう。ベビーカーは強力なフックを使って階段の下か廊下の戸棚に掛けましょう。同様に、ゴルフのクラブや他のスポーツ用具も片付けてください。様々なサイズのプラスチック製の積み重ね式ユニットのついた階段下の有効利用専用の家具があります。これらはDIY用品一式を収納するのに便利です。

リビングルーム
和やかさとくつろぎの場所

リビングルームは家の中心で、家族が集まり、日々の絶え間ないプレッシャーから解放されてくつろぐ場所です。人々はここで世の中の動きや人生の意味について夜中まで熱く語り合うこともあります。また、人が集まる特別な場所でもあり、古くからの友人や新しい招待客はここで歓迎ともてなしを受けます。

リビングルームは様々な機能を果たしていることが多く、リラックスのためのエリア、食事のためのエリア、そして家庭生活を運営し組織化するためのホームオフィスのエリアがあります。

本来ここは静かな部屋ですが、同時に和やかな場でもあり、会話が弾んで気分が盛り上がるよう

巧みに計画された座席の位置は、リビングルームをより魅力的にし、友好的な気分を高めます。がらくたを確実に排除することは、エネルギーや和やかさにプラスに働きます。

な良い雰囲気を作り出すために「気」がポジティブに流れる必要があります。もしここが散らかっていたり、家具が多すぎたりすると、エネルギーは停滞し、この場に必要とされる満ち足りてくつろいだ雰囲気ではなくて落着かないそわそわした雰囲気が作り出されます。

エネルギーの交通渋滞

「気」はものでいっぱいのリビングルームに流れ込み、窓まで進む途中で床の上のビデオにぶつかり、山積みになった本棚とコーヒーテーブルのあたりで苦労しながら進みます。
「気」の流れはソファの裏側、ワインの箱やごちゃごちゃの戸棚によって速度が落とされます。窓から入ってきて扉へ抜ける「気」は、ものでいっぱいのテーブルや家具、床によって動きが制限されます。

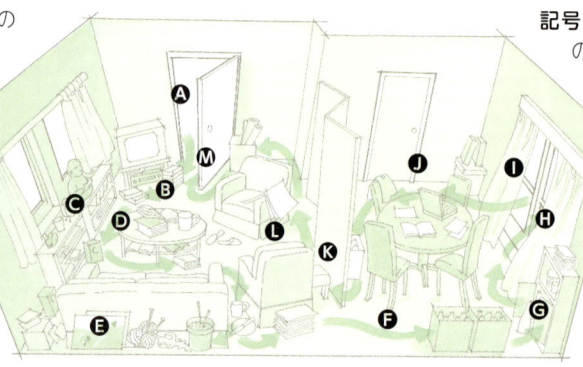

記号：**A**「気」が入る **B**ビデオの山 **C**本を重ね過ぎた本棚 **D**散らかったコーヒーテーブル **E**がらくたやCDの山 **F**要らない箱 **G**ものでいっぱいのユニット家具 **H**「気」が出て行く **I**「気」が窓から入る **J**片付いていないテーブル **K**ごちゃごちゃした床 **L**家具の裏の乱雑 **M**「気」が出て行く

エネルギーの落し穴

リビングルームに入ろうとする時に、大きな家具が道を塞いでいたり、新聞、雑誌やその他の道具類の山を迂回しなければならない、ということはリラックスできる和やかな雰囲気を作り出すという目的に反していますから、片付けをしてすっきりさせる必要があります。

ソファの裏側：ソファは磁石のように散らかりを引きつけることがあります。ソファの裏側に途中で断念した手芸品や飾られたことのない絵、チラシや古い写真の包みなどの泥沼が隠されているなら、あなたは自分が座っている後ろに陰気なエネルギーの停滞を作り出していることになるのです。そしてそこに座るたびにあなたはそのエネルギーに妨害されることになるでしょう。

本棚の上：本は象徴的にあなたの趣味や信条に関連していますから、棚の上に埃を被った古い本がたくさんある場合は、あなたが自分のやり方に固執していることを示しています。

ものでいっぱいの暖炉の上：飾り物、ろうそく台、皿、灰皿など様々なものがぎっしり寄せ集められているのは見苦しく、落着きのないエネルギーを誘発します。

コーヒーテーブルの下：雑誌の山があふれていると、そこがエネルギーの停滞の中心部分となって、家族全員にエネルギー低下の影響を招きます。

ものを入れ過ぎた戸棚や収納家具：古いビデオ、レコード、CD、カセットテープなどの山がでたらめに積み重ねられていることは、あなたが未来よりも過去にとらわれ過ぎていることを示します。そのような場所では「気」は非常に停滞し、実際に音楽をかける気が起こらなくなります。

エネルギーの高速道路

「気」が巧みに計画されたラウンジに入り、改造されたTV収納ユニットと植物を置いた本棚のあたりをさっと通り抜け、ものを置いていないコーヒーテーブルと片付けられた家具のまわりから床、整理されたユニット家具を経由して窓から出て行く。窓から入った「気」はぴかぴかになったテーブルの上をするすると流れ、きれいな床の上を通って扉から出て行く。

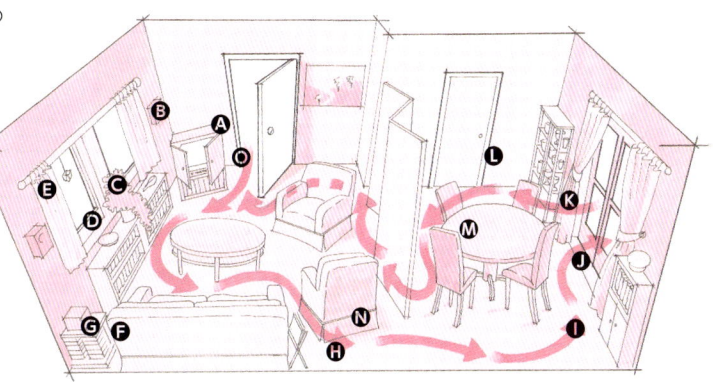

記号：**A**「気」が入る **B** 積み重ねられたTVユニット **C** 整頓された本棚 **D** エネルギーを放出している植物 **E** エネルギーの流れを緩めるために吊るした水晶 **F** 片付けられた家具 **G** CD収納ユニット **H** 物が置かれていない床 **I** 整頓されたユニット家具 **J**「気」が出て行く **K**「気」が入ってくる **L** 追加の収納ユニット **M** 物が置かれていないテーブル **N** 片付いた床 **O**「気」が出て行く。

酒のキャビネット：扉を開いた時に最初に目に入るものが半端な、ひびの入ったグラスやほとんど空になった酒瓶だとすれば、乱雑さと無秩序さがあなたの気分を落ち込ませるでしょう。

快適ゾーン

　生活の中心部分を洗練して、より家庭的な雰囲気を作り出すという作業に本格的に取り組むことは、非常に実りあることですが、片付けを始める前に、あなたが1日のかなりの時間を過ごすこの場所を評価し、部屋があなたについて物語っていることに注意してみましょう。装飾や調度はあなたを暖かく迎えていますか、それともくたびれてみすぼらしく見えますか、おそらくそれはあなたが人生に対して密かに感じていることを反映してるのではありませんか？　散らかったり、物であふれた状態にしているのは、あなたが人生において変化を起こしたくないということの象徴ではありませんか？

くつろぐための部屋になっていますか？

　リビングルームが散らかっていると来客は長居ができません。もしあなたの部屋がそんな風だと、それは人を近づけたくないという潜在意識の表れかもしれません。

　家具の配置に注意を払いましょう──ソファや椅子はコーヒーテーブルを囲むように、または暖炉の前に半円状に置かれるのが最適です。こうすればお互い向き合うことができて、おしゃべりしやすくなります。決して椅子を梁の下に置いてはいけません。というのは、梁から降りてくる「鋭い

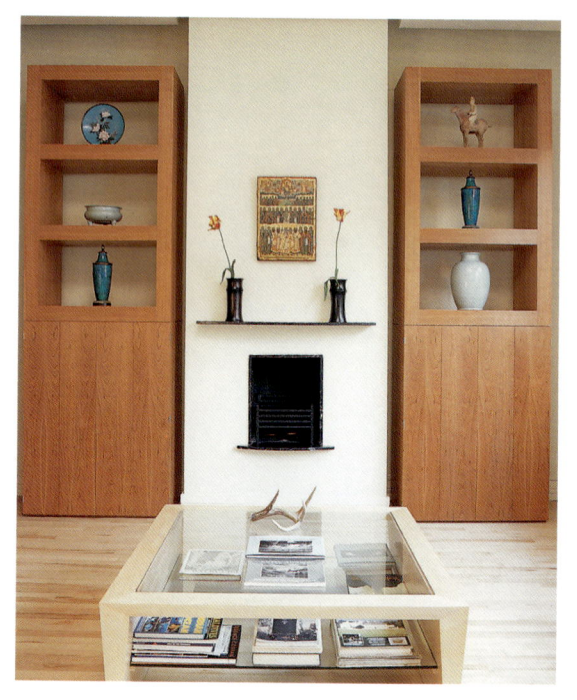

気に入らないものや使われなくなったものでいっぱいの部屋でくつろぐことは難しいものです（左の絵）。コーヒーテーブルの上に置くものは最小限にとどめ（上の写真）、あなたのお気に入りの大切な物を魅力的な収納家具にディスプレイしましょう。

リビングルーム　**5 7**

古い本がたくさんあり過ぎると自分のやり方に固執するようになってしまうことがありますから、定期的に本をチェックして、本当に必要なものを再検討しましょう(左の絵)。残されたお気に入りの本と大切なオブジェを明るい棚の上に置きましょう。

気」が頭痛を引き起こすことがあるからです。縁が尖ったものや、尖った構造物は、毒矢に例えられる悪い風水を導きます。これらの影響を防ぐために、縁が尖った棚に植物をはわせて覆い隠したり、鋭角のテーブルは人の興味を引き付けるようなファブリックで作ったカバーを掛けたりすることができます。スペースが広い場合には、棚や大きめのソファなどで食事スペースとの境界を作ることもできます。

色、雰囲気および照明

クリーム色や柔らかなパステルカラーはくつろいだ雰囲気を作り出します。黄色は部屋を広く見せ、会話を弾ませるのに役に立ちます。もう一つの方法として、八卦による部屋の要素にしたがって部屋を塗装することができます。例えば部屋が北を向いている場合は青、南を向いている場合は、赤が適切な色です(p14参照)。

陽のエネルギーを十分に取り入れるために、リビングルームでは照明が重要です。上向きの照明やペンダントライトをバックグラウンド照明に使い、ランプはムードを高めるための照明、スポットライトは絵や置物、植物にあててアクセント照明にしましょう。ろうそくの柔らかで自然な明かりは特別な効果を添えます。穏やかで満ち足りて調和した雰囲気を作り出すために、香りの良い香を焚くかエッセンシャルオイルをバーナーで温めましょう。

組織化された落ち着き

リビングルームのものを処分するのは決して簡単なことではありませんが、実行すれば部屋のエネルギーが高揚してくるのがすぐにわかるでしょう。部屋の中を歩き回って、残された物の収納をどうすれば改善することができるか考えましょう。もしあなたが本が大好きでまだたくさん残っている場合には、もう1つ本棚を置ける場所がないか考えましょう。

収納法

本：使われていないアルコーブに棚を作ることを考えましょう——その下に戸棚を置いてその他の雑多なものをしまうこともできます。幅の広い、自立式の木製のオープン棚ならたくさんの本が入れられます。本を置く部分と飾り物を置く部分を分散させて単調な外見にならないようにしましょう。キャスター付きの本箱を買えば簡単に移動できるし、食事スペースとリラックススペースを分けるための部屋の仕切としても使えます。

写真：これらは注意深くチェックして、愛情や愛着が感じられるものだけを残すようにしましょう。古い写真の膨大なコレクションをため込むことの危険は、そうすることがあなたを過去に結びつけ過ぎてしまうということにあります。過去のつきあいの中の楽しい写真を少しだけ残して、他は処分しましょう。ガラス製の切り抜き用の額に家族や友人の今の写真でコラージュを作りましょう。または、愛する人たちの写真や楽しい休暇の写真を金属製または木製のフレームに入れて（それぞれあなたの人間関係または名声部分に対応するように）ディスプレイしましょう。他の写真はすべてきれいなアルバムに入れて、戸棚の中にきちんとしまいましょう。

床の上のCDを集めてこんなおしゃれな木製キャビネットにしまいましょう。

リビングルームの散らかりチェックリスト

リビングルームの品物を一つ一つチェックして、5つの袋システムにそって分別しましょう（p31参照）。

- **本**：容赦なく処分しましょう——特別なものは取って置き、残りは売却するか慈善団体または病院に寄付しましょう。
- **写真の束**：これらはエネルギーの停滞の元となりますから、すべて分類して、楽しくなるような写真はフレームかアルバムに入れ、残りは処分しましょう。
- **雑誌と新聞**：興味のある記事は切り抜いて参照用にとっておき、残りはリサイクル回収場所に持っていきましょう。
- **古いビデオ、レコード、CD、カセットテープ**：売れるものは売り、古いものは処分しましょう。
- **飾り物**：なぜ自分では気に入っていない贈り物や家族にまつわる古い物を持ち続けるのか自問してみましょう。本当に気に入っているものだけを残し、残りは処分しましょう。
- **ガラス製品、お酒の瓶**：ガラス製品はポジティブなエネルギーを生み出しますが、傷があるものは例外です。ひびが入ったり欠けたりしているものは捨て、ほとんど空になった酒瓶は処分しましょう。

リビングルーム　**59**

雑誌と新聞：これらは散らかりが問題化する元凶となりますから、常に警戒が必要です。後で参考にしたい記事を切り抜いたらすぐに、最新の新聞と雑誌はしゃれた金属製、木製またはその他の組み合わせでできたマガジンラックに保管しましょう。鋳鉄を使った便利な保管箱は、新聞を平らにためて置くことができるように周囲を輪が囲んでいて、紐をかけて簡単に取り出せ、リサイクル回収場所に持って行けるようになっています。

テレビ、ビデオテープ、CD、カセットテープ：これらの頻繁に使うものの収納のポイントは、取り出しやすく戻しやすくすることです。風水では、テレビを見ていない時にカバーを掛けるよう指示しています。それは、テレビから陽のエネルギーや電磁波によるストレスが過剰に放出されるためです。テレビは戸棚の中か、扉付きの専用ユニットに収納するようにしましょう。ビデオテープは下の引き出しに収納することができます。スリムなデザインのCD専用収納ユニットが様々なスタイルで手に入るので、部屋のインテリアに溶け込ませることができます。幅が広めのものなら最高224枚ものCDを収納できます。自立式の金属製棚を使うのも良い方法です。

飾り物：本と一緒に棚に置くか、特にお気に入りのコレクションは照明付きのガラスキャビネットにディスプレイしましょう。飾り物や花瓶、お気に入りの本や絵を飾るために便利な小さな立方体状ユニット(扉無しや扉付き、棚付きなど)を組み合わせて使うこともできます。

ガラス製品や瓶：ガラス製品は非常に陽のエネルギーが強く、リビングルームのポジティブなエネルギーを増強します。良質のガラス製品は、木製フレームのガラスキャビネットにアレンジするととても素晴らしく見えます。作り付けのダウンライトがガラス製品の輝きを一層際立たせます。

柔らかい素材でできたバスケットには手芸材料を入れておくことができます(左)。スクリーンは様々な機能を果たす部屋を仕切ることができます(上)。ろうそくはリビングルームに陽のエネルギーを追加してくれます(右)。

バスルーム
魂を清める場所

温かいお湯に身体を沈めてリラックスしたり、さっとシャワーを浴びて身体をしゃきっとさせると、その日1日のすべての問題を忘れさせてくれます。バスルームは扉を閉めて、外界から逃れることができる場所——身体と魂を清めるための私的な避難所であり、瞑想したり、物事をじっくり考えたり、ひらめきを得るための場所であり、いろいろなアイディアを検討したり新しいアイディアを生み出す場所でもあります。長居したくなるような、暖かで魅力的な雰囲気——あなたを慈しんでくれるような場所——である必要があります。

バスルームでは水が常に流れ出ているため、エネルギーの停滞を招きがちで、陰の性質が非常に

バスルームは私たちが世の中から避難するための場所ですから、床や台の上はすっきりした静かな場所である必要があります。

強い環境になっています。家具が多すぎて散らかっていたり、床面や台の上などに物があふれていると、「気」のエネルギーを鈍らせ、適切な循環を止めてしまうことになります。その結果雰囲気は淀んだものになり、そわそわして落着かない気分

エネルギーの交通渋滞

「気」は散らかったバスルームに入ってきて、バスルーム関連製品の箱に流れを遮られます、次にものでいっぱいの洗面ユニットと薬品戸棚にぶつかり、窓から出て行く前に、さらに床の上の衣類と浴槽のまわりの大量の美容用品で妨げられます。窓から入ってきた「気」の流れは、部屋を出て行くまでに、浴槽の上にも置かれた製品や床の上のタオルで妨害されます。

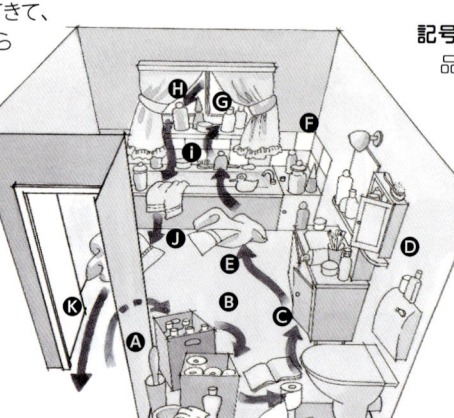

記号：A「気」が入る B バスルーム関連製品の箱 C ものでいっぱいの洗面ユニット D 詰め込み過ぎの薬品戸棚 E 床の上の衣類 F ものを乗せ過ぎた浴槽 G「気」が出て行く H「気」が窓から入ってくる I 多すぎる入浴用品 J 濡れたタオル K「気」が出て行く

エネルギーの高速道路

「気」はよく整理されたバスルームに流れ込み、柳製の収納家具と元気な植物のあたりから、ものの置かれていない床の上を流れます。徹底的に片付けられた洗面ユニットと薬品戸棚を通り過ぎ、「気」を高めてくれる植物とろうそくをかすめて窓から出て行きます。窓から流れ込んだ「気」は滑らかな浴槽の表面の上をすいすいと動き、バスマットとタオル掛けの上を通って扉から出て行きます。

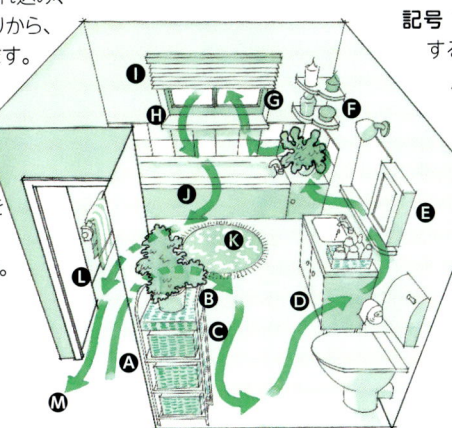

記号：Ⓐ「気」が入る Ⓑエネルギーを放出する植物 Ⓒ段になった自然素材の浴室用収納家具 Ⓓ整理し直した洗面ユニット Ⓔ片付けられた薬品戸棚 Ⓕ陽のエネルギーのための植物とろうそく Ⓖ「気」が出て行く Ⓗ「気」が窓から入る Ⓘ自然素材のブラインド Ⓙ浴槽から移動した浴室関連製品 Ⓚ綿製のバスマット Ⓛ熱で温めることができるタオル掛け Ⓜ「気」が出て行く

になっていしまいます。風水では水はお金と関連づけられてもおり、それが逃げ出していっているように見えるバスルームは必ずしも幸運な場所と考えられていません。そのためバスルームは富や職業の領域に位置しない方が望ましいのです。幸運な場所ではないにしてもバスルームを快適な空間にすることは可能です。

エネルギーの落し穴

もし収納家具やかご等があるためにバスルームへの出入りがし難かったり、他の洗面用品の小山の下に埋もれたシャンプーやコンディショナー、シャワージェルを見つけられなかったりする場合には、徹底的な掃除が必要です。

バスルームの戸棚と洗面ユニット： これらは収納には便利ですが、美容用品や入浴用品でいっぱいで扉を開けるたびにあふれ出てきて、使いたいものがなかなか見つからないような場合には、いらいらして欲求不満を感じるようになるでしょう。

洗面台のまわりと浴槽まわり： バスルームに汚くたまっていくものの正体であるボトルやチューブが多すぎると、本来は快適で落ち着いた場所であるべきこの部分が混乱して散らかった雰囲気になります。なぜこれほど多くのものが必要だと感じるのかよく考えてみましょう。

床の上： トイレットペーパーや洗剤の予備を用意しておくのは良いことですが、床の上に積み重ねているといつもつまずくことになり、いらいらの元となります。

薬品戸棚： たいていの薬の保管期限は短いですから、戸棚をチェックして期限切れのものを置いておかないようにしましょう。めったに使うことのない不必要な品物をたくさん保管するのはやめましょう――もしそうしているなら、不健康しか連想させない品物をそんなにたくさん手放せないでいるのはなぜなのか自問してみましょう。

安心できる避難所

　バスルームから不必要なものを取り除くと、気分が良くなります。ここでちょっと普段は気に止めることのない部屋の雰囲気を感じ取りましょう。部屋はあなたの個性の一部を写し出しているものですが、あなたは自分の目に映るものが好きですか？　壁の塗装面が汚れていたり剥がれていたりすると、それはあなたが人生の中で繰り返している怠慢のパターンを暗示しているのかもしれません。あるいは、乱雑さは自分の人生に対する不満を示しているのでしょうか？

オアシスを作る

　バスルームは身体と心をリフレッシュすることができるオアシスでなければなりません。もしそれが散らかっていると、「気」（もともとバスルームではエネルギーレベルが弱いのですが）が通り抜け難くなります。「気」の停滞はあなたのエネルギーレベルを消耗させ、常に疲れたりだるい気分にさせ、人生に対する熱意を失わせます。

色、雰囲気および照明

　バスルームはリラックスするための部屋です。ポジティブなエネルギーで満たして、常にそこに漂っている、じめじめして湿度の高いネガティブに傾いた雰囲気を弱める必要があります。壁の色もまたあなたの気分に影響を与えます。柔らかいグリーンをバスルームに使うと消化を助け、青は川や海や湖の流れと関係があり、バスルームの水のすばやい流れを維持するという有益な働きがあると考えられています。ピンクや桃色は気持ちを穏やかにして落ち着かせます。

バスルームのキャビネットがバスルーム関連製品でいっぱいになっていると、必要なものを見つけることができなくて、つねにあなたを苛立たせます（左の絵）。必要ないものをキャビネットから定期的に取り除き、中にバスケットを入れて空間を最大限に利用すると良いでしょう（下の写真）。バスルームをグリーンに塗るととても気分が落ち着いて、消化の働きにも効果があります。

バスルーム **63**

バスルームの散らかりチェックリスト

バスルームを楽しい場所にするために、まずがらくたを5つの袋に分けることから始めましょう(p31参照)。
- 薬品：使用期限を全部チェックして、期限にしたがって捨てましょう。
- バスルーム用洗剤、トイレットペーパー：大量に貯えるのはやめて、何個かの余分だけを残して、予備の在庫はどこか他の場所にしまいましょう。
- バスソルト、バスオイル、シャワージェル、シャンプーとコンディショナー：サンプルをたくさんため込んでいませんか？ まずそれらから使ってしまうか、捨ててしまいましょう。古くなったり干からびたり、ほとんど使い終わったものはすべて処分しましょう。
- タオルとバスマット：必要以上に何組も持っていませんか？ 破れたり、擦り切れたり、使い古したものはありませんか？ もしそうなら、どうすれば良いかもうおわかりでしょう。

元気の良い、丸い葉のついた植物はバスルームの雰囲気を高揚させ、香りの良い入浴剤を使ったりエッセンシャルオイルをバーナーで温めるとネガティブな雰囲気を追い払います。鏡は強力なエネルギーを運んできますから、洗面ボウルの上に設置し、常にきれいにぴかぴかにしておきましょう。もし鏡が曇ったり欠けたりしたらこれは風水上悪いことで、あなたに有害な影響があるかもしれないのですぐに交換してください。

柔らかいふわふわしたタオルで感じの良いパステルカラーのものは、タイル張りの床や台の上やバスルームの衛生陶器の硬い印象を相殺します。

天井からのダウンライトや、髭剃りや化粧のための部分的な照明はバスルームに適度な明るさをもたらすでしょう。香りのついたろうそくを壁のろうそく受けか浴槽のまわりに危なくないように置いて使い、魅惑的な[火]のエネルギーを呼び込みましょう。

濡れたタオルや汚れた衣類をバスルームのまわりに置いておくと、鈍ったエネルギーがさらに停滞することになります(上の絵)。このキャビネット(左の写真)にはタオルやマットや小さな洗濯かごと細々した洗濯用小物を引き出しの中に収納できます。

完全な静けさ

　バスルームの中のものを一掃し、使われなくなったものをすべて取り除いたら、この特別な空間の中に本当に必要なものを最も効率的にディスプレイし、収納する方法について再考しましょう。ここには様々な種類の香りのついたどろどろした液体のボトルが各種散乱することが多く、それらは窓枠の出っ張った部分や浴槽のまわりに乱雑に集まる傾向があります。また湿度が高くて湯気がこもることが多く、「気」の流れを停滞させますから、床や台の上部分をすっきり保って「気」の動きがこれ以上妨げられないようにしましょう。

収納法

入浴用品と美容用品：これらはたいていとてもきれいなパッケージに入っていますから、オープン棚の上に置くと見栄えが良くなります。しかし、あまりたくさん置かないようにして、定期的に使うものだけに絞りましょう。シャワーの配管のところから吊り下げるユニットを使うとシャンプーやシャワージェル、スポンジや石鹸を収納することができます。その他のスタイルには吸盤式で、壁のタイルに取り付けるものがあります。金属製の吊り下げかご、特に緑青仕上げ（銅の表面に生じる錆に似せた加工）のものはおしゃれに見えます。使われていない隅には専用の棚を組み込みましょう。ガラス棚は見かけも良く、実用的で掃除も簡単です。

タオルは収納家具にしまう方が良いのですが、清潔で乾燥したものは棚の上に置いても良いでしょう。

もしここで化粧をするなら、ブラシやファンデーション、口紅、アイシャドー用に区分けされたトレイが組み込まれた引き出し付きの収納ユニットを購入することを考えましょう。

薬と救急箱：これらは壁のキャビネットにきれいに隠しておくのが最も良い収納法でしょう。別の方法としては、積み重ね式バスケットを使って、戸棚の中か段になった柳製の引き出し付き収納ユニットで引き出しごと抜き出すことができるものの中に入れましょう（スペースが限られている場合には良い方法です）。

バスルーム洗剤およびその他のもの：これらはみな本当に必要なものなので、台所の戸棚よりは近くに置いておきたいものですが、見えるところに置きっぱなしになっていると部屋の見栄えを悪く

します。保管するスペースがないなら、洗面ボウルのまわりにちょうど納まるような洗面所用収納家具を買うことを考えましょう。そうすれば洗面ボウルの下の無駄な空間を有効利用することができます。トイレットペーパーや掃除用クロス、漂白剤や殺菌剤、バスルームクリーナーのようなかさ張るものを保管する棚を余分に確保できるでしょう。

タオルとバスマット：ふわふわのタオルと小物はすばらしい陰の性質をバスルームに強調します。

バスルームが広い場合、できるだけ多くの収納棚を設置して、ものをたくさん外に出しておかずに済むようにしましょう。花や植物はこの場の気を高揚させます。

手触りがとても良い予備のタオルは、オープン棚の上にディスプレイしておくことができます。ガラス棚でも良いでしょう。もう一つの方法としては、正面がガラス貼りの収納家具にしまうか、プラスチック製のかごに入れて、バスルーム用品を入れた他のかごと一緒にモダンなクロームのオープン棚に置くこともできます（上の写真参照）。

仕事場 能力に滋養を与える場所

私たちの大半は、1日の中で自分の家で過ごすよりも仕事場で過ごす時間の方が長いのです。家で仕事をしている場合でも、仕事に本腰を入れてとりかかれるように、たいてい家族のいる外の世界から閉じこもるものです。ここは富や繁栄や成功を私たちの人生にもたらすための才能をフルに発揮する場所です。明晰さと集中は正しい決断をするためには欠かせないことです。私たちは常に時間と予算をやりくりしながら業務を遂行しているのです。そこには常に評価が伴います——私たちの努力はすべて上司や同僚、クライアントによって判断され評価されるのです。

したがって、あなたが働く部屋は、あなたとあなたの能力に滋養を与え育むものでなければなりません——心地良く、明るく、元気づけてくれるような環境で気持ちを楽にさせ、最善を尽くす決心を促すようなものでなければなりません。

仕事場の「気」の流れは、ポジティブな姿勢を促すために、強く、陽の性質でなければなりません。もしあなたの机が無数のもので散らかっていて、床は箱や報告書やファイルで覆われていると、「気」が停滞してしまい、あなたの創造性や意思決定能力は阻害されることになり、混乱した計画性のない働き方をさせる原因となるのです。

エネルギーの落とし穴

ものがあふれる仕事場は、「気」を停滞させるだけでなく、ビジネスのペースを妨げることになり、

整頓された職場環境は、あなたが明晰に考え、もっと楽に意思決定できるようにしてくれます。

現在の仕事量に関する混乱や誤解を生じさせます。

机： アクションを必要としているたくさんの書類や、しまわれていないファイル、未払いの請求書がエネルギーの停滞の水溜まりとなって、あなたにストレスや、制御不能で非生産的な感じを抱かせます。もし机の引き出しが無関係な事務用品、書けないペン、古いメモなどでいっぱいになって

いるため、必要なものを見つけることができないなら、この混乱が原因であなたの仕事は不振になるでしょう。

ファイリングキャビネット：不必要なプロジェクトであふれていたり、不良顧客についての内容が含まれていると、ネガティブな空間になります。

床面：ここが箱やファイル、古い報告書、プリンタ用紙などが積み重なった障害物でいっぱいになっていると、エネルギーの流れを制限することになり、仕事場の雰囲気が沈滞したものになります。

戸棚：仕事場の戸棚がぱんぱんになっていると、圧迫されたり強迫されているような気分になります。

棚：期限が経過した参考資料、カタログやパンフレットがたくさんあると、ビジネスを過去に結びつけるだけです。

コンピュータ：古い資料をコンピュータ上に残していると、新しい事業の前進を阻害することになります。

エネルギーの交通渋滞

「気」はごちゃごちゃした仕事場に侵入してきて、あふれたごみ箱、ファイル、満杯のファイリングキャビネットで動きを止められます。「気」は窓から出て行く前に、散らかった机と窓台の上を進もうとします。窓からするすると入ってきた「気」は、部屋から出て行く前に、ファックス台の上に置かれたたくさんの帳簿や床の上の箱によって動きが制限されます。

エネルギーの高速道路

「気」は大掃除された仕事場に入ってきて、がらがらになったファイリングキャビネットと収納されたファイルのあたりを楽々と縫うように進み、整頓された机と窓台の上を通って窓から出て行きます。窓を通って戻ってきた「気」の流れは、部屋から出て行く前に、元気の良い植物や片付けられたファックス台とものが取り除かれた床面によって促進されます。

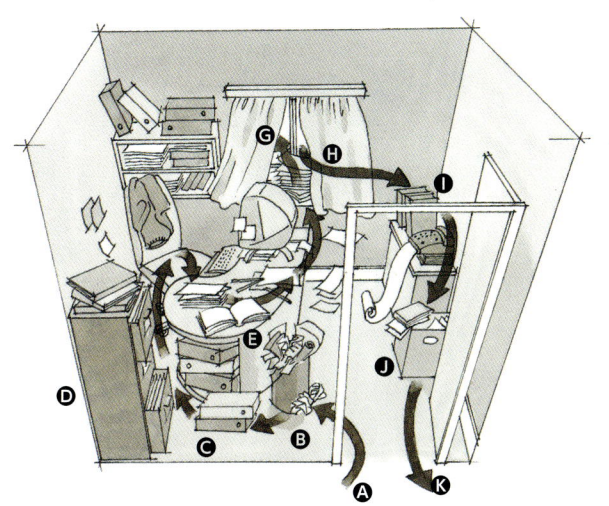

記号：❹「気」が入る ❺散らかったごみ箱 ❻床の上のボックスファイル ❼きしんでいるファイリングキャビネット ❽整頓されていない机 ❾書類の山 ❿「気」が出て行く ⓫「気」が窓から入る ⓬たまった帳簿 ⓭ものでいっぱいの箱 ⓮「気」が出て行く

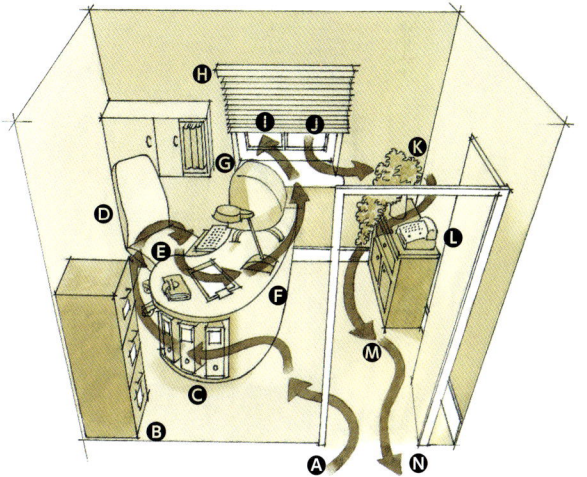

記号：❹「気」が入る ❺現行のファイルの入ったキャビネット ❻片付けられたボックスファイル ❼身体を支えてくれる椅子 ❽能率的な机の上 ❾作業用照明 ❿すっきりした窓台 ⓫木製ブラインド ⓬「気」が出て行く ⓭「気」が入る ⓮雰囲気を高揚させるための植物 ⓯片付けられたファックス台 ⓰ものが取り除かれた床 ⓱「気」が出て行く

仕事の領域

　仕事場をくまなく点検して必要でないもの(チェックリスト参照)を捨てることは難しい作業です。そこでまず最初に少し時間をとって、あなたの仕事場の環境を違う視点で眺めてみましょう。閉所恐怖症になりそうな感じがありますか？　ここで仕事をしていて楽しいですか、色や照明は効果的であなたのエネルギーを高揚させてくれますか？

働く姿勢への影響

　良い仕事ができるようにするために、部屋の雰囲気は生産性を促進するようなものでなければなりません。雰囲気は停滞して重い感じがしますか？　もしそうなら、それはかなり無計画に遂行されている仕事の反映かもしれません。あなたの仕事あるいは会社の状態を考えてみてください。新しい仕事が減ったり、受注が落ち込んだりしていますか？　散らかった仕事場はビジネスのスムーズな遂行に劇的な影響を及ぼすでしょう。「気」が部屋のまわりを流れ難くなり、何をするにしてもことごとくこの影響を感じるでしょう──例えば、誰かを訪ねて行くと必ず相手は他のことでふさがっていたり、重要なアポイントメントがキャンセルされたり、ファイルが突然消えたりといったことです。

　もし家で仕事をしていて、落着きがなく集中できないといったことが仕事中によくある場合、それはあなたのまわりが散らかっているからかもしれません。

　尖った角や棚から出ている「鋭い気」があなたの机を直撃していないか確認しましょう。もしそう

ファイル、報告書、その他の書類が床の上に散らばっていると、あなたの仕事のやり方を混乱させますから、できるだけたくさんファイリングキャビネットを置くようにしましょう。これらのアジアの木製キャビネットも魅力的です。

なら、元気が良い、緑の丸い葉の植物でその「気」をそらすか、あるいは本を棚の前の方に押し出して、端の硬さを和らげましょう。生花はみんなの気分を高揚させ、仕事場のエネルギーを上昇させます。毎日必ず紙屑入れを空にするようにして、停滞したエネルギーの谷間に入り込んでしまわないようにしましょう。

　コンピュータから出る電磁波ストレスの影響を柔らげるには、定期的に休憩することと、透明な水晶またはローズクオーツをコンピュータの隣においてネガティブな電磁波の放出を吸収させるようにすることです。シーラス・ペルビアヌス（Cirrus peruvianus）という種類のサボテンもその放出を吸収するのに効果があります。ピース・リリー（Peace lilies）、ペペロミア（Peperomias）、鑑賞用小型バナナ（Dwarf banana plants）は空気を浄化するのを助けます。

色、雰囲気および照明

　明るいクリーム色、白、パステルカラーは空間を広く見せ、仕事場の軽快さを増します。また、適切な要素にしたがって部屋を塗装することもできます（p14参照）。頭の上に十分な照明を施すことは重要で、昼光電球は高価ですがそれらの明かりは私たちが外で浴びている紫外線光に最も近い性質なので目の疲れを軽減する効果があります。アームライトはその近くで書類を読んだり、コンピュータを操作する際の補助となります。

　太陽光は暖かさと陽のエネルギーをもたらしますが、冬でも眩しくてコンピュータの上にいらいらする光をもたらしますから、窓にベネチアンブラインドが欠かせません。眩しさを軽減するために、窓が横になるように机を置きましょう。眩しさが防げない場合、全体に切子面のある球形の水晶（p90参照）を窓に吊り下げて、眩しさからくるネガティブな「気」を追い払いましょう。

南は名声の領域であることから、ホームオフィスでは机は南向きが理想的です。安定感を得るために常に壁を背にして扉の方を向いて座りましょう。

成功のための配置

　机の位置は仕事の効率や業績に影響します。風水で一番良い位置は、仕事場のメインの扉の斜め向かいの角とされています。机から扉が見えて、誰が部屋に入って来るのかわかる必要があります。扉を背にして座っていると、常に脅迫されているような気がしたり、同僚に裏切られているような気がしたりします。しかし、もしこのように座ることがやむを得ない場合は、小さな鏡を机の上の方にかけて、あなたの後ろの扉がそこに映っているのを見られるようにします。

　椅子の後ろは窓よりも必ず一枚壁があったほうが良いのです。そうすることで象徴的なサポートが得られるからです。窓を背にして座るしか選択肢がない場合はブラインドを下ろしたままにしておきましょう——ブラインドはサポートの手段を象徴します。また、仕事場の扉のあまり近くに座ることは避けましょう。そうすることで、あなたは無防備でコントロールを失ったような気分にさせられるからです。

背の高いスリムなファイリングキャビネットは仕事場の狭い空間に組み込むことができます。

ホームオフィスの場所を決める

　ホームオフィス用(もしあなたが事業を営んでいる場合は)の理想的な位置は、南に面したところです。南はあなたの名声の領域に影響するからです。書斎は、あなたの教育と知識の分野に関係している北東に面して設けましょう。これらの場所が難しい場合には、方位磁石を使って(p15参照)机を南または北東の角に置きましょう。

オープンプランの仕事場

　(内部を固定した壁で仕切らず多目的に使えるように設計された職場)

　複数のスタッフがオープンプランの仕事場を共有している場合には、風水コンサルタントに依頼してそれぞれが座る位置を図で決めてもらったほうが良いでしょう。もう一つの方法としては、方位磁石と八卦を使って、コンピュータ、ファックス、ファイリングキャビネットの配置に最も幸運な場所を自分で割り出しましょう。一般的なガイドラインに従うこともできます。管理職の執務スペースに最も好ましい位置は仕事場の扉から最も遠いところです。こうすることで管理職は仕事場の喧騒から離れて、気が散ることなく意思決定をしたり、業務を適切に統括することができるようになります。机を向かい合わせに置くことは止めてください。同僚同士の対立の原因になることがあるからです。

仕事場 **71**

もしあなたの机が常に散らかっていると、あなたの仕事の仕方は気が散って計画性のないものになり、ファイルや請求書、非常に重要な報告書やメモをいつまでもなくし続けることになるでしょう。連絡文書は届いたらすぐに処理するかコメントをつけて次へ回しましょう。一日の終わりには、机をものの置かれていない片付いた状態にすることを目標としてください──これはいつも簡単にできるというものではありませんが、目指すべきことです。

コンピュータのディスクや、ホッチキス、クリップ、消しゴム、ペンと鉛筆といったばらばらになりやすい文房具はこのような小さな収納ユニットにしまうことができます（下の写真）。

仕事場の散らかりチェックリスト

仕事場の散らかりを片付けるのは家の場合とは少し違いますが、同様に5つの袋システムを使って作業することができます(p31参照)。

- **ファイル**：ファイリングキャビネットの中味を分類して不要になったファイルを捨て、最新のものだけを保存するようにしましょう。

- **カタログ、資料用の雑誌、パンフレット**：古いものはリサイクルに出しましょう。

- **参考資料**：最新の情報が出ている新版を保存して、残りは捨てましょう。

- **報告書**：古い報告書の内、参照用のものを残して他はシュレッダーにかけましょう。

- **机**：連絡メモやポストイットのメモは手帳に貼り直して、机を散らかしている不必要な紙切れは廃棄しましょう。

- **コンピュータ**：ハードディスクを調べて使われていないプログラム、終了したり断念したプロジェクトや電子メールをバックアップ用ディスクやファイル保管システムに移すか、削除してしまいましょう。

良い「気」を受けた ファイリング

　ごみやがらくたを取り除くことによって、ホームオフィスや職場で行動を開始したなら、次は二度と散らからないようにするために、空間を有効利用する方法を考える必要があります。書類や床の上に積み重ねられたファイルを入れるためのファイリングキャビネットを増やす余裕があるかどうか確認しましょう。文房具用にもう1台戸棚を購入する必要があるでしょうか？　参考資料用の棚を作りつけにしてアルコーブを有効利用できるかもしれません。

レターケースは金属製やプラスチック製に限る必要はありません。「気」の動きに特に良いとされる天然繊維で作られたものも利用することができます（左の写真）。

あまりたくさんファイルを持っていないなら、このような収納箱で十分でしょう（上の写真）。

収納法

ファイル：もしあなたの会社が非常に多くのプロジェクトを一度に並行して行っていて、それぞれに関連したファイルがあるなら、背の高い金属製のファイリングキャビネットでハンギングファイル用の棚がいくつかあるものを設置する価値があります。その小さめのタイプで深めの棚のあるものにはボックスファイルを保管できます。もう1

仕事場

つの方法は、伝統的なスタイルの金属製ファイリングキャビネットで2段から4段位の引き出しがついたものを組み合わせて使うことです。［金］の要素を高めるには、これらを仕事場の西に置きましょう。ホームオフィスではファイリングスペースへの差し迫った必要はたいてい少ないので、きれいな木製またはメラミン樹脂製のユニット家具でファイリング用引き出しが1つと収納用引き出しが2つあるもので十分でしょう。キャスター付きのものを買えば机の下に収めることができます。コンピュータデスクにはスライド式のキーボードラックがあったりコンピュータの付属品やマニュアル用の引き出しや棚が余分についたものもあります。

文房具：これらはすぐに収拾がつかなくなります。現在ある戸棚で不十分な場合には、背が高く棚がたくさんある家具を買って収納しましょう。棚が1段だけの小さめの戸棚もあります。スリムで複数の引き出しがついたキャビネットなら事務用品を十分収納できます。クリップ、ペン、マーカーなど散乱しやすいものには引き出し用仕切り付きトレイを追加することができます。家で使うには、キャスター付きのおしゃれなプラスチック製引き出しユニットに、様々な文房具が収納できるでしょう。スリムなデザインの透明、プラスチック製積み重ね式ボックスは、棚の上に置いても見栄えが良く、ディスク、CD-ROM、インデックスカードを収納できます。

予算に余裕がないなら、これらの安価なダンボール製ボックスに様々なものを収納することができます。

プリンタ用紙：包みのまま床の上に置いておくよりもキャビネットを使って事態を改善しましょう。プリンタを上に置き、用紙はその下の戸棚部分に保管しましょう。

カタログ、パンフレット、報告書：これらが仕事場に散らばっているととても乱雑になります。ボックスファイルに入れて、はっきりとラベルをつけましょう。これらを金属製または木製のオープン棚に保管しますが、「鋭い気」が放出される角張った端ができないように、ファイルを端に寄せてください。または、積み重ねができるモジュラーユニットでシャッター式の扉が付いたものの中に隠すこともできます。ホームオフィスでは、透明プラスチック製でふた付きの積み重ね式ボックスまたはプラスチック製雑誌ホルダーにパンフレットやカタログをきれいに保管することができます。

参考資料：金属製または木製のオープン棚にきちんと立てて並べましょう。ただし、絶対にこの棚を机の後に設置してはいけません。そうすることで、「鋭い気」が放出されることがあるからです。この影響を弱めるためには、深い棚のある扉付き家具を探すか、自立式のキャビネットでいくつかの棚とガラス製または木製の扉のあるものを使うのが理想的です。

収納部屋(ロフト)
思い出が住む場所

　ロフトや屋根裏部屋は、たいてい過去の思い出の廃品置場となります。頭の上にあるこのスペースは、象徴的に、過去の感情——学校やスポーツで成功して得意になったこと、親族を失ったり、様々なプロジェクトで失敗したことの悲しみなど——で私たちを圧迫することがあります。それには恋愛の苦悩や情熱、親であることの誇りと無条件の愛情も含まれます。ここには家の過去の魂が休んでいて、家族の上に暗い雲のようにいつまでも消えずに残っているように思えます。ロフトもまた、この深く暗い空間に要らない贈り物を隠せば隠すほどに、不満や嫌悪といった感情の倉庫となってしまうことがあります。

　家の上の方にある収納部分はあまり換気が良くないことが多いため、エネルギーの流れは自然と停滞します。しかし、「気」が動けるようにすることが大切です——もしロフトががらくたであふれるような状態なら、「気」はまったく身動きが取れず、家全体に覆い被さるようになって重苦しく私たちを押さえつけます。

　もしロフトがこんな状態なら、なぜこんなにたくさんの過去の思い出をしまっておく必要を感じるのか良く考えてみましょう——未来に何が起こるかについて心配していたり恐怖を感じているのでしょうか？

エネルギーの落し穴

　ロフトが数多くの雑多な品物を収納する部分であることは必然的なことですが、本当に問題なのは、ここに何をどのように保管するかなのです。がらくたを詰め込み過ぎたロフトは、象徴的に、あなたが目指すより大きな成功や目標を制限し、未来に起こることに対する恐れを生み出すことがあります。

エネルギーの交通渋滞

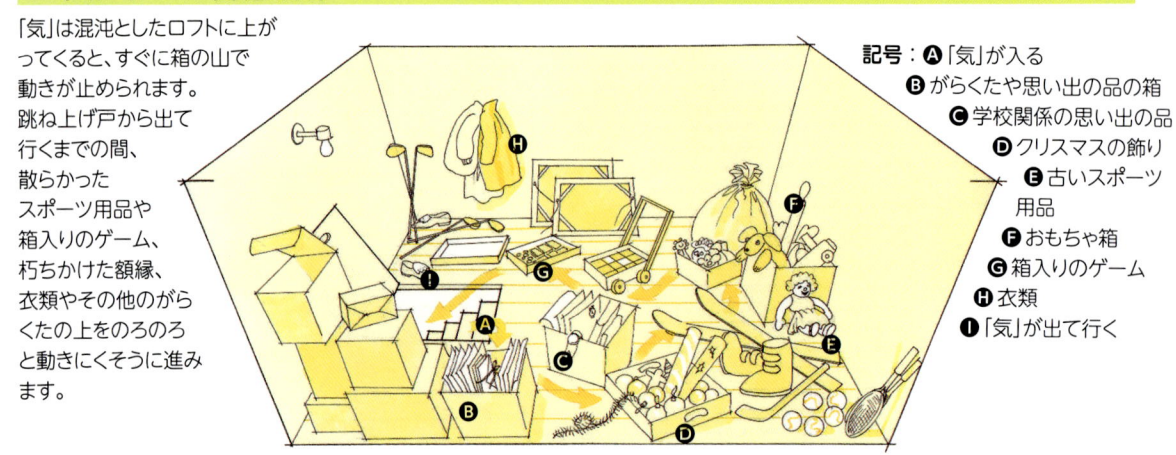

「気」は混沌としたロフトに上がってくると、すぐに箱の山で動きが止められます。跳ね上げ戸から出て行くまでの間、散らかったスポーツ用品や箱入りのゲーム、朽ちかけた額縁、衣類やその他のがらくたの上をのろのろと動きにくそうに進みます。

記号：Ⓐ「気」が入る
　　　Ⓑがらくたや思い出の品の箱
　　　Ⓒ学校関係の思い出の品
　　　Ⓓクリスマスの飾り
　　　Ⓔ古いスポーツ用品
　　　Ⓕおもちゃ箱
　　　Ⓖ箱入りのゲーム
　　　Ⓗ衣類
　　　Ⓘ「気」が出て行く

エネルギーの高速道路

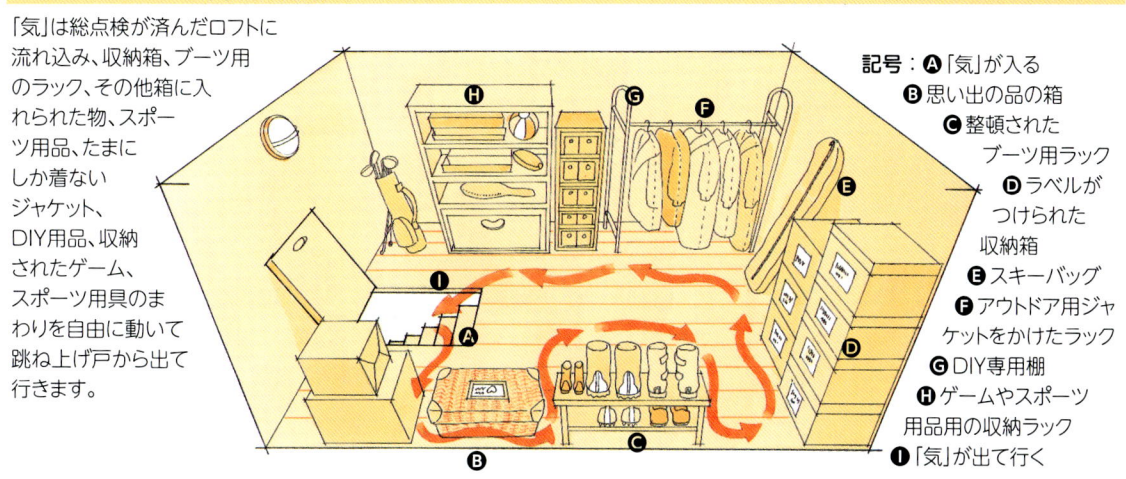

「気」は総点検が済んだロフトに流れ込み、収納箱、ブーツ用のラック、その他箱に入れられた物、スポーツ用品、たまにしか着ないジャケット、DIY用品、収納されたゲーム、スポーツ用具のまわりを自由に動いて跳ね上げ戸から出て行きます。

記号：**Ⓐ**「気」が入る
Ⓑ 思い出の品の箱
Ⓒ 整頓された
　　ブーツ用ラック
Ⓓ ラベルが
　　つけられた
　　収納箱
Ⓔ スキーバッグ
Ⓕ アウトドア用ジャケットをかけたラック
Ⓖ DIY専用棚
Ⓗ ゲームやスポーツ用品用の収納ラック
Ⓘ「気」が出て行く

空箱：何かの時に役に立つようにこれらをとっておくことは良い考えのような気がします。しかし、これらは空間の無駄遣いになり、淀んだエネルギーを放出します。緊急用として丈夫な箱をいくつか選んで、注意して留め金を外し、平らに畳んでおきましょう。

学校の思い出：古いノートや賞状の入った箱はあなたのエネルギーを弱めます。あなたがその業績に誇りを持っている場合でも、それらはなお、あなたを容赦なく過去に縛ろうとするのです。

ロマンチックな思い出の品の入った箱：リボンで束ねた古いラブレターや過去の交際にまつわるその他の特別な思い出の品は、かび臭くもの哀しいエネルギーを発する傾向があり、しかもそのエネルギーはなかなか動かせないことがあります。

ゲーム盤やトランプ：昔はクリスマスや休暇のたびに使ったけれど、今はほとんど使うことがない古いゲームやトランプの山は沈滞して淀んだエネルギーを生み出します。

古い電化製品とスポーツ用品や健康器具：持て余している錆びた器具は、場所を取るだけで、おそらくもう二度と使われることはないでしょう。かさ張る見かけは、いらいらや不快感の元になります。

家族の思い出の品：子供がこれまでに学校や大学で成し遂げたことすべての思い出を入れた箱もやはり、あなたを過去に引き戻し、新しくわくわくするような成長へ向かうのを制限することになります。

その他いろいろなものの入った箱：今まで一度も片付けに手をつけなかった要らないものや放棄されたもののごみ捨て場、つまり未解決のごみの隠し場所は、あなたを身動きが取れないような気分にさせることがあり、うつ病の原因になるかもしれません。

過去のもののための避難所

　この部屋を片付けることは、骨の折れる仕事です。始める前に問題の程度を評価しましょう(チェックリスト参照)。もし淀んでかび臭く過去の人生に関連するものでいっぱいで、簡単に動き回ることができないようなら、過去に対する支配力を緩める必要があります。

上からの圧力

　ここに保管された古くて使えなくなった持ち物や思い出の品々すべてに象徴される、過去の経験を処分しない限り、新しい経験はあなたの人生の中に入ってくることができないでしょう。もし人生の大半を工芸品やほとんど使われることのない物の収集と保管に費やしてきたなら、それはあな

たが人生を楽しんでいなかったことを示しているのかもしれません。不要品や使わない物に自分を結びつけることで、感傷が重荷のようにあなたを押さえつけるのに任せていたのでしょう。傾斜天井は、家族がロフトから感じている圧迫感や押さえつけられているような感覚に拍車をかけるでしょう。

色、雰囲気および照明

　ロフトのエネルギーは陰の性質が強く、受動的で、自然に停滞する傾向があります。通常そこには窓がなく──電気のコンセントもありません──エネルギーが逃げていくことができないからです。明るいクリーム色、黄色、またはパステルカラーの塗料はこの部屋を明るくより魅力的にするのに役立ちます。照明にあまり費用をかける必要はないのですが、スポットライトや壁面照明をつけると淀んだエネルギーを高揚させるのに効果があります。

ロフトにはたいてい、私たちの過去の人生が収納されているようで（左奥の写真）、しかも捨てずにとってある感傷的な紙切れが多すぎるのです（左の絵）。厳しく判断して、あなたが本当に欲しいものだけをこのような便利な棚に保管しましょう（上の写真）。

再設計された空間

　あまりにたくさんの過去から積み重ねられてきた異物があったロフトの大掃除の後で疲れきっているかもしれませんが、ここで次にあなたに必要となってくるものは、そこに置く価値のあるものすべてに対する収納システムです。このあたりはまた散らかってしまいやすいので慎重に計画を立てましょう。使う頻度が一番高いものをロフトの昇降口の近くに置きましょう。棚や耐久性のある収納箱を計画的に使って整然とした空間を作り出しましょう。そうすれば心を鎮めてくれるエネルギーを家の他の部分に向かって流すことができるでしょう。

ベーシックな棚のユニットは簡単に手に入り、かさ張るスキー靴やウォーキングシューズを納めることができます。スキー板はその隣に保管するか、保護用のスキーバッグに入れましょう。

ロフトの散らかりチェックリスト
過去からのがらくたをすべて探し出して、5つの袋システムにしたがって別々の山に分別しましょう(p31参照)。
- 箱：これらは便利なように思えますが、場所をとり、埃がたまるだけですから捨ててしまいましょう。電化製品の箱は保証期間内は保管して、それを過ぎたら処分しましょう。
- 教科書、制服、卒業証書、メダル、たすき：自分の業績は自分でわかっていることですから、若い頃に関連したものは捨てましょう。
- ラブレター、ドライフラワー、古いカード：全部を手放すことができないなら、本当に特別なものをいくつか取って置き、残りはごみ箱に入れましょう。
- ゲームとトランプ：まだ使っているものだけを残して、その他のものは病院や児童養護施設へ寄付しましょう。
- ルームサイクルのような古い機器、ホッケーのスティック、サッカーボール：これらを二度と使うことがないことを素直に認め、捨ててしまうかスポーツクラブへ寄付しましょう。
- クリスマスやその他の行事の飾り：壊れたものや、きらきらしているだけの安っぽいものは廃棄しましょう。

収納法

ゲームとトランプ：お気に入りのものをきれいに棚に積み重ねましょう。トランプの束は小さなダンボール箱にしまうと良いでしょう。自立式の木製または金属製のユニットで幅広の棚がついたものを設置できるだけの十分な高さがあるなら、これらはたくさんのものをしまうことができます。もし無理なら、金属製の支柱にメラミン樹脂製または木製の棚が1段ついたものは値段の割りに便利な収納法となります。

恋愛の思い出の品：柳や籘、天然繊維または皮でできた特別な箱を選んでこれらの大切な思い出の品をしまいましょう。こうすることであなたが今も感じている愛情を大切にすることができます。手に取りやすい場所にその箱を置いて、感傷的な気分になったらそれを取り出して宝物をもう一度眺められるようにしましょう。

スキー服、運動着、ハイキングやウォーキング用ジャケット：ビニール製の衣装袋に入れて汚れや埃を防ぎ、衣類用のバーに吊るすか、大きめのプラスチック製の箱にラベルをつけてきれいにしまいましょう。

ウォーキングシューズやハイキングシューズ：よく掃除して頑丈な靴用ラックか、壁のフックに掛けた大きな吊り下げ式ラックにしまいましょう。

ラブレターは素敵な箱に入れて大切にしましょう。

キャスターつきの丈夫な箱は移動が簡単なので屋根裏の収納にはぴったりです。

飾り物、園芸やDIY用品、その他の品物：これらをしっかりしたプラスチック製または丈夫なダンボール製の積み重ね式ボックスでふた付きのものに入れて、それぞれに中味を明記したラベルをつけましょう。関連する品物をグループにまとめて、それぞれ積み重ねて収納しますが、取り出したり戻したりしやすくなるように注意をしましょう。細かい付属品、ネジ、釘、その他の小さなDIY用品は、合板や似たような安価な木でできたチェストで、中味を表示した小さな引き出しがついた様々な大きさのものにしまうことができます。

車 移動するがらくた

車はまさに私たちの個性の延長と言えます——私たちの別の一面を投影する、移動する持ち物なのです。目的地との行き来にとても長い時間が費やされるため、私たちはほとんど感情的とも言えるほどの強い愛着を車に感じるようになるのです。私たちが車を選ぶ理由の1つにはその色、スタイル、デザインそして外観の魅力があります。車は自分だけの小さな世界のようなもので、私たちはそこにしっかりとした安心を感じていたいのです。

運転している時に頭の働きが明晰で機敏であることが重要なのは明らかです。したがって車の中の「気」はポジティブで非常に陽の性質が強くなっている必要があるのです。もしあなたの車が車輪の付いたごみ箱状態であるなら、「気」が力強く流れるのは難しいでしょう。このことはあなたにとって重大な影響があります。反応や意思決定能力を鈍らせ、運転の確実性が低下したり手足の連係動作が上手く行かなくなったりする原因となるでしょう。

エネルギーの落し穴

車の中にものをため込むと、家の中にがらくたが蓄積するのと同じくらいあなたに影響があります。なぜなら、あなたは同じようなエネルギーの乱れを車の中に再現しているからです。徹底的な片付けをすると、エネルギーに際立った変化がもたらされます。

車のトランク：この部分は靴、ジャケット、スポーツ用品といったものの山がみんな置き去りにされるブラックホールと化してしまうことがあります。このことはトランクいっぱいの重いエネルギーとなる

エネルギーの交通渋滞

「気」ががらくたが詰め込まれた車の中に流れ込み、駐車利用券、領収書、聴かなくなったCDで動きを妨げられます。「気」は出て行くまでに、散らかった食べ物の包み紙やおもちゃ、地図帳の上をなんとか移動しようとします。トランクに入った「気」が出て行くまでの間は、くしゃくしゃになった敷物、ジャケット、スポーツシューズ、カーアクセサリーの上を動きまわりにくくなっています。

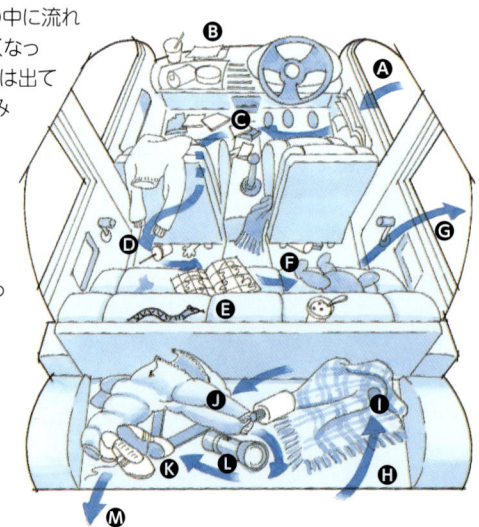

記号：**A**「気」が入る **B** 駐車利用券 **C** CDの山 **D** 食べ物や飲物の容器 **E** 放置された地図帳 **F** 置き去りにされたおもちゃ **G**「気」が出て行く **H**「気」がトランクに入ってくる **I** 汚い敷物 **J** ジャケットの山 **K** トレーニングシューズ **L** カーアクセサリー **M**「気」が出て行く

車 **81**

だけで、あなたの運転中に集中力を妨害する可能性があります。

ドアポケットや仕切り部分：これらの収納部分にものが詰め込まれているから地図や地図帳を見つけられないのですか？　この様に散かっていると、あなたの思考をくもらせることになり混乱した気分になることがあります。

座席：中にほとんど座るスペースがないので友達を車に乗せてあげるのは気が引けますか？　CDやカセットテープ、空き瓶、駐車利用券が座席や床に散らばっていますか？　座席の後ろにがらくたが詰め込まれているから座席を前に寄せて人を乗せてあげることが出来ないのですか？　このような散かった状態は、おそらくあなたが人生をどのように過ごしているかを反映しているのでしょう。

車はほとんどの人にとって重要な所有物で、家と同様に、定期的に散らかりをチェックする必要があります。なぜなら散らかっていると車の中の「気」の動きを鈍らせ、私たちの運転能力に有害な影響を及ぼすことがあるからです。

エネルギーの高速道路

「気」が整頓された車の中に入り込み、CD収納ボックスやものが取り払われた床のまわりを均等に進みながら後ろへ移動し、片付けられた座席、収納された道路地図帳、ごみ箱の上を通って窓から出て行きます。トランクに入ってきた「気」は収納箱と敷物のまわりを十分に循環して出て行きます。

記号：Ⓐ「気」が入る　ⒷCD収納ボックス　Ⓒ片付けられた座席　Ⓓ地図収納ケース　Ⓔ吊り下げ式のごみ箱　Ⓕ「気」が出て行く　Ⓖ「気」がトランクに入ってくる　Ⓗカーアクセサリー用の箱　Ⓘきちんと巻いた敷物　Ⓙ「気」が出て行く

動く世界

　車の中のがらくたを整理するとかなり気分が楽になります。始める前に（チェックリスト参照）、一歩下がってあなたの車を眺めてみましょう。車を見た時に誇りを感じますか？　あるいはとても汚れていてみすぼらしいので恥ずかしく思いますか？　風水では、私たちの外側の人生で起こっていることは私たちの内面が反映されたものだと考えられている、ということを思い出してください。

色と雰囲気

　色は私たちに強い影響を及ぼします。車の色は、あなたが道路に出た時にどのように振る舞うかに影響することになります。風水では、赤は陽の性質があって非常に元気を出させる色であり、時には怒りやいらいらの原因となることがあります。そのため、この色の車に乗るあなたの運転は速く、少し強引になることでしょう。黄色は運転時の気持ちを高揚させ、楽天的な姿勢を促します。青と緑は心を落ち着かせ、これらの色はより陰の性質が強い（受動的）ため、運転する時にリラックスした雰囲気をもたらすでしょう。黒や灰色は非常に陰の性質が強く、黒は車の中の安心感と守られているという感じを与えてくれ、灰色は自信を促します。白とシルバーは非常に陽の性質が強い色で――シルバーが移動中の調和とバランスを促進するのに対し白は守られている感じを与えます。

　埃と泥は車の中の雰囲気を汚すことになりますから、定期的に掃除しましょう。車内部の表面はプラスチックであることが多く、したがって陽の性質です。もし内側が灰色なら、外の影響からあなたを守ってくれるでしょう。布と皮の座席は陰の性質で、それらの柔らかさがプラスチックから発せられる強力な陽のエネルギーの影響を弱めます。他の場合と

いつも使うものは座席の上に置きっぱなしにするのではなくてドアポケットに片付けましょう。

同様に、良い風水にするには、陰と陽のエネルギーのバランスを必要としますから、これらの2つの要素が車の中に同程度必要となります。

お気に入りの音楽は全部便利なCDボックスに入れておきましょう。

収納法

道路地図や地図帳：これらは座席の上や下に置くよりも、ドアポケットに入れておきましょう。たくさんあるなら、きれいなプラスチック製書類入れ1つにまとめて座席の後ろにきちんとしまいましょう。

CD、カセットテープ、本：これらのものはプラスチック製の収納箱かクッション材とファスナーがついたケースに入れて、グローブボックスか後部座席ににしまうことができます。

ごみ：どうしても手に負えない場合には、小さなプラスチック製のごみ箱を車の中に置いて定期的に空にしましょう。車のドアに吊り下げるスタイルのものもあります。

その他の車関係のもの：オイル、ブースターコード、タイヤの空気入れ、その他あると重宝するカーアクセサリーは丈夫なプラスチック製収納ボックスに入れましょう。あなたの必要に応じた十分な大きさでふた付きのものを選んで、中の物がトランクの中でガタガタ音をたてることのないように注意しましょう。

車の散らかりチェックリスト

もしあなたの車が散らかっているなら、ごみ袋を用意してごみを取り除きましょう。

- 道路地図、地図帳：これらは丁寧にチェックして、古くなった版は廃棄し、もう必要でなくなった地図は他の人に譲りましょう。
- 食べ物の包み紙、カートン、空き瓶、駐車利用券：徹底的に捜索してこの停滞したエネルギーを全部撃退しましょう。
- CD、音楽カセット、朗読テープ：お気に入りのものをいくつか厳選して残し、定期的に交換して新しいエネルギーを取り入れるようにし、残りは家の中に持ち帰りましょう。
- 靴、コート、スポーツ用具、その他車関係のいろいろなもの：これらは沈滞したエネルギーを発していますから車から出して家の中にしまいましょう。

バッグと財布 歩くがらくたの山

も し散らかった状態が家や車を侵略しているなら、おそらくこの状態はあなたが持ち歩くものにも広がっていることでしょう。

ハンドバッグ

これらは注意深く選ばれた非常に個人的なものです。私たちの個性の一面を示し、友人や同僚からそう見られたいと思っている全体的なイメージと関係しています。それならなぜバッグに無駄なものを詰め込んでいるのでしょうか？

積極的で自信に満ち、きちんとした姿勢を表現しようとしているなら、物が詰め込まれてぱんぱんに膨らんだバッグを持っていることは、あなたの人生にも混乱した部分があることを露呈していることになります。

詰め込み過ぎた中味：走り書きのメモや電話番号、だいぶ前の買物メモ、クーポン券、レシート、レストランの請求書、書けなくなった無数のペン、複数のヘアブラシと古い化粧品──これらはみな停滞したエネルギーの溜まり場を形成してあなた自身のエネルギーを停滞させているのです。

解決法：バッグの中を片付けて、使えない紙やペンを捨て、電話番号はアドレス帳かファイロファックスに転記しましょう。古い化粧品は処分して、今使っているものをきれいな化粧ポーチに入れ、ヘアブラシは1本だけ残しましょう。領収書やクーポン券は取り出して仕切りのついたプラスチック製ホルダーにファイルしましょう──定期的に点検して必要がなくなったら廃棄しましょう。

紙切れに新しい電話番号を書き留めておくのではなくて、ファイロファックスかスケジュール帳に転記しましょう。

財布

　無関係なものであふれているとあなたの現在の財政状況に悪い影響が及ぶことがあります。

詰め込み過ぎた中味： 古い名刺、期限切れのクレジットカード、会員カード、予約カード、クレジットカードの利用伝票など、これらはみなお金が貯まらない原因となります。

解決法： 名刺を取り出して必要な電話番号と住所はアドレス帳に記入し、予約はスケジュール帳に記入し、期限切れのクレジットカードや会員カードにははさみを入れて処分しましょう。クレジットカードの利用伝票はフォルダーにファイルし毎月点検してきちんと整理しておくようにしましょう。

ブリーフケース

　ハンドバッグ同様、これらもあなたの性格の一部を反映し、同僚やクライアントに与える印象に貢献しています。しゃれた服を着ていてたとしても、ものが詰め込まれたみすぼらしいブリーフケースを持っていると、だらしなさや管理能力の欠如を示すことになります。

詰め込み過ぎた中味： 古いファイル、メモ、未読の報告書、返事が済んでいない通信文書、壊れたペンや鉛筆、参考資料――すべてあなたのエネルギーを停滞させ混乱を招きます。

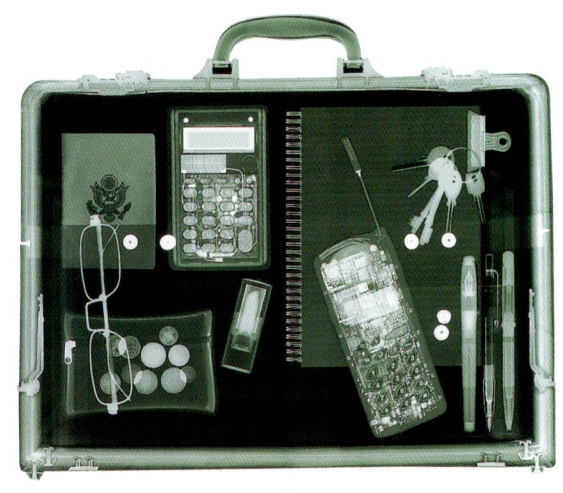

整理されたブリーフケースはあなたの仕事の仕方を自分できちんと管理することに役立ちます（上の写真）。
住所はアドレス帳へ、アポイントはスケジュール帳へ転記することで紙の量を最小限に保ちましょう（左の写真）。

解決法： メモのは内容を書き留めたら捨てましょう。必要のないファイルは取り出して仕事場に戻しましょう。職場での通信用の「やることリスト」のフォルダーを作りましょう。報告書は読んで職場に戻しましょう。古い文房具は捨てて、書けるペンと鉛筆をブリーフケースのポケットにいくつか入れておきましょう。参考資料は元あった場所に戻しましょう。今後は会合または家で仕事をするために必要な書類だけを持ち歩くことを決心しましょう。

風水でエネルギーを活性化する方法

時間はかかりましたが、ついにあなたは散らかった状態と真剣に向き合い、何年ものあいだ愛着をもっていた持ち物を処分するという心理的な喪失感にも耐えて作業を進めてきました。空間浄化の儀式を行って、家にまとわりついていた閉じ込められたネガティブなエネルギーを解放しましたが、さて次はどうすれば良いのでしょうか？　おそらくあなたのまわりの雰囲気はまだ少し沈滞していて高揚させる必要を感じていることでしょう。風水による徹底的な分析を行うには、コンサルタントに依頼して家のエネルギーと家を取り巻く環境とを調和させてもらう必要があります。しかし、風水に基づいてエネルギーを増強させたり問題を解決したりする簡単な解決方法があります。自分でそれらを使って家のエネルギーのバイブレーションを高め、家をより明るくより魅力的な生活の場にすることができます。

どのように働くのでしょうか？

　エネルギー増強グッズは、八卦(p14-15参照)の8つの人生の望みに関わる部分、例えばあなたの人間関係や富に関わる部分、のまわりのエネルギーを高めます。解決グッズを置く場所を注意深く選ぶと、問題を相殺したり、部屋の雰囲気に影響を及ぼしているネガティブなエネルギーを補正することができます。例えば、元気の良い植物はポ

風水でエネルギーを活性化する方法 **87**

どんなものを使うことが
できるのでしょうか？

　家のあちこちに置く風水の問題解決グッズとエネルギー増強グッズには、様々な種類があります。

- 鏡はエネルギーを高揚させ空間を広げますが、寝室で使う時には注意が必要です。
- ウィンドチャイムの柔らかにかすかに響く音は、「気」の流れを遅くさせるのにも、家の中での循環を促進するのにも使われます。
- 水晶は強い振動性のエネルギーがあり、職業に関わる部分を活性化させたり、癒したり、部屋により多くのエネルギーを引き寄せたりするといったことに用いられます。
- 水に関わるものや水槽は、富に関わる部分に置けば、お金があなたの人生に流れ込むのを促進します。
- 照明やろうそくは強い陽のエネルギーを停滞した部分にもたらしたり、名声に関わる部分のエネルギーを高揚させます。
- 植物は風水では様々な問題解決に用いられます。健康でポジティブなエネルギーは問題を軽減するのに役立ちます。
- 頭の上の梁に竹笛を取り付けるとネガティブな影響を弱めます。
- 金属製のものや電気に関わるものは西のエネルギーを増強します。
- 対になったものは協調や恋愛を象徴し、今ある人間関係を強化したり、新たな関係を誘発したりします。
- 八卦のような形をした鏡は家の外側の正面玄関の近くに取り付けた時にのみ、家に入ってこようとする悪いエネルギーをそらす働きをします。

ろうそくの明かりは常に元気を与え、部屋にポジティブな陽のエネルギーを運び込みます。

ジティブなエネルギーと陽の性質を持っており、部屋の角や柱から発せられる有害な「鋭い気」から人々を保護するのに用いることができます。植物は、テレビやその他の電化製品から出る電磁波ストレスの影響を弱めることもできます。

　各部屋のエネルギーの調和を図ることで、家は再び活気づいてあなたに良い影響を与えるようになるのを実感できるでしょう。

鏡

　古来、鏡は特別なものと考えられていて、ファラオや王、シャーマンのような人だけが使うことを許されていたのです。風水では鏡は強力なツールとなります。平らな鏡はエネルギーを拡大し、廊下のような狭い空間を広げ、その場を明るく照らし、もっと空間があるような錯覚を起こさせます。

　鏡は象徴的にエネルギーを「2倍にする」こともできるのです。そのため、例えば食卓の反対側に鏡が置かれていると、テーブルの上の食べ物の価値を「2倍にし」、家族の富を増強すると信じられています。とは言っても、あなたの散らかった机の反対側に鏡を置こうなどと考えてはいけません。そうすることであなたの現在の仕事量が倍増してしまうからです。

　鏡はものを「消し去る」という象徴的な目的にも使われます。ですから、もしトイレが正面玄関に面している場合、風水では非常に悪い位置にあるとされるのですが、トイレの扉に鏡を掛けることでその悪影響を「消し去る」効果があるのです。もう一つの働きは、変則的な形の部屋への対処です。変則的な形の部屋は八卦の一部分が欠けていることから不吉であると考えられています。「欠けた角」は鏡を使うことで元に戻すことができます。例えば、もしあなたの家の欠けた角が職業に関する部分なら、L字型になった壁の一つに部屋の内側に向けて鏡を掛けると象徴的な意味でその欠けを修復することになります。

鏡は陽の性質が非常に強いので、バスルームではそこにもともとある停滞したエネルギーを高揚させるのに効果があります。

風水でエネルギーを活性化する方法 **89**

　八卦のような形をした八角形の鏡も手に入ります。これは非常に強力なので注意して使いましょう。八卦型の鏡は家の中には決して掛けてはいけません。正面玄関の外に掛けると、道の真向かいからやってくる「鋭い気」のような悪いエネルギーをかわすことができます。しかし、位置を決める時は注意して、近所の家が映るような位置に掛けてそちらへ向けて悪いエネルギーを送ってしまわないようにしましょう。

鏡に関する注意

- 絶対に鏡同士が向かい合うような位置に配置してはいけません。そうすることで「気」が前後に反発しあうことになるからです。
- ひびが入ったり曇った鏡を使ってはいけません。それらは文字どおり、そして象徴的な意味でも、あなたの印象を歪めてしまいます。
- 鏡はぴかぴかのきれいな状態にしておきましょう。使っていない時は下に伏せておいてください。そうしないと鏡があなたの人生に混乱をもたらすことがあります。
- ベッドが映るような位置に鏡を吊るさないでください。鏡のエネルギーが不安や不眠を引き起こすことがあるからです。
- 絶対に鏡を正面玄関の向かいに置かないようにしましょう。玄関から入ってきた良いエネルギーを鏡が追い返してしまうことになります。

金属製のウィンドチャイムは部屋の西の「気」を高揚させることができます。

ウィンドチャイム

　古代中国では、伝統的にウィンドチャイムは、さまよっている魂を驚かせて追い払うために掛けられていました。しかし現在の近代的な風水ではウィンドチャイムはよりポジティブな効果を家にもたらすとされています。例えば、階段に面した正面玄関扉の内側に掛けられている時は、本来なら入ってくる「気」はすぐさま2階に駆け上がってしまうところ、ウィンドチャイムを通過することで、美しくかすかに響くベルの音によってその動きが緩められるのです。家の内側でも外側でもウィンドチャイムを掛けると、ネガティブな力をかわし、「気」を活性化し、沈滞した部分の「気」を高揚させます。

　美しいメロディーを奏でる5本の金属棒のウィンドチャイムを正面玄関扉の外側に吊るすと、他の建物の角から発せられる「鋭い気」をそらすことができます。

　部屋のエネルギーを高めるためにウィンドチャイムを選ぶ時には、まず部屋の方角とそれぞれ関連している要素を調べて、金属製、陶製、または木製の中からどのウィンドチャイムを掛けるべきかを知ってからにしましょう。西（[金]）、北西（[金]）、北（[水]は[金]から生み出される）には金属製のものが最適です。陶製のものは南西（[土]）および北東（[土]）に適しています。木製のものは東（[木]）、南東（[木]）および南（[火]の要素は[木]から生み出される）に効果的です。

水晶

　小さくてきらきら光る切子面のある水晶球を日当たりの良い窓に吊り下げると、活気を与えてくれるような美しい虹色が壁を横切るように広がります。その光は部屋のエネルギーのバイブレーションを高めるので、その気分を高揚させる効果に誰もが気付くでしょう。八卦の特定の部分にそれを配置すると、その分野に特別なエネルギーがもたらされます。例えば、富に関わる部分なら、銀行残高が健全に維持され、お金が以前より楽に入ってくることに気が付くでしょう。

　散らかりを片付けた後の部屋に水晶を掛けるか置くかすると、エネルギーの流れに著しい変化がもたらされます。水晶は、電柱やバス停から家に向かって発せられている「鋭い気」をそらし、ネガティブな影響を減少させる効果もあります。直径20mmの球形のものは小さな部屋を活性化するにはちょうど良い大きさで、平均的な広さの部屋には30mmのものが良いでしょう。水晶を窓の上の方の窓枠の真ん中に画鋲で止めて吊るしましょう。

　新しい人間関係を築こうとしていたり、現在の関係に助けを必要としているような場合には、強力な天然水晶の塊は居間の南西(人間関係)の角のエネルギーを活性化させ、アメジストの結晶は北東(教育と知識)部分を刺激します。ローズクオーツは恋愛に関係がありますから、これも南西に置きましょう。

　ローズクオーツには鎮静効果があり、子供部屋に置くと破壊的な行動をする子供を鎮めるのにも効果があります。

水晶は家の様々な部分を活性化するのに効果があります。天然水晶(反対側の写真参照)はリビングルームの南西にある人間関係に関わる角のエネルギーを高めることができます。

水晶に関する注意

- 新しい水晶は短時間冷水の下で洗いましょう。もし大きな水晶専門店で購入した場合は24時間水に浸けて他のエネルギーを取り除きましょう。
- 吊るした水晶は毎週洗いましょう。無発泡性ミネラルウォーターに軽く浸してそのまま乾くまで置きます。
- 水晶の力を活性化するには、それを吊るす時に心の中であなたの願いを唱えましょう。
- アメジストは驚くほど癒し効果がある石です。病気の回復を助けるのに使いましょう。

水に関わるもの

　流れる水が滴る音は心和むものです。水は「気」を運ぶ素晴らしい働きがあり、家にポジティブなエネルギーを誘い込むことができます。また中国では伝統的に水は富と関係づけられています。

　室内に水に関するものを置くのに最適な場所は、家または居間の南東([木]と富)の角です。これは5つの要素の循環では[水]は[木]を生み出すとされているからです。小さな室内噴水や水が滴り落ちるようなもの、または水槽を選びましょう。水槽に入れる魚の数は奇数にするのが望ましく、9が非常に幸運な数字とされています。理想的には、ネガティブなエネルギーを吸収させるために1匹は違う色にすると良いので、8匹はオレンジ

色、1匹は黒の金魚にすると良い組み合わせとなるでしょう。常に水に酸素を送り込む動きは水の中の「気」を刺激します。家の前の左手の庭に池または小さな噴水があると、家に向かって良いエネルギーが流れるのを促進します。また、噴水は家に有害な影響をもたらす「鋭い気」をそらす働きもあります。常に水を清潔で新鮮に保ってエネルギーが停滞に陥らないようにしてください。

水に関するものや水をイメージさせるものを寝室に置いてはいけません。なぜなら5つの要素の循環では、［水］は［土］を圧倒するからです（寝室は［土］と考えられているのです）。［水］が多いと人間関係の問題を引き起こすと考えられています。

照明

　照明は、部屋に柔らかく暖かな光を照らしたり、読書のために部分的な明かりを照らしたり、あるいは食卓の上にドラマティックな光を照らしたりすることができます。照明は私たちの気分に影響し、刺激を与えたり、リラックスさせたりします。現代的な照明は、インテリアデザインにおいて欠くことのできない部分であり、また風水でも重要な役割を果たします。照明は[火]の要素に関連し、ポジティブな陽のエネルギーを各部屋にもたらします。照明は「気」の流れを促進し、特に南ではその働きが顕著です。慎重に計画された照明はバランスと調和を生み出します。

　可能な場合には、置く予定の場所の要素に関連したテーブルランプやフロアランプを選びましょう。例えば、丸いものや、だ円形、ドーム型のものは西と北西、つまり[金]に関係する部分、に最も効果的です。背が高くまっすぐした照明は東と南東、つまり[木]に関係する部分、に適しています。流れるような波形や不規則な形をしたものは[水]に関係があり、北の部分の「気」を高めます。

柔らかなろうそくの光は部屋のリラックスした雰囲気を促します。

ろうそく

　柔らかく、揺らめくろうそくの光は自然な明かりと陽のエネルギーをもたらし、リビングルームやダイニングルームに特別な雰囲気をプラスしてくれます。寝室ではろうそくは柔らかな光を放ち、愛情が持つ穏やかなオーラを作り出します。

　バスルームは、いつも湯気がこもって湿度が高いところですから、ここのエネルギーは非常に動きが鈍くなっているでしょう。無香または香りのついたろうそくを浴槽の横や壁のろうそく受けに置くと、暖かで全体を包み込むような輝きをこの部分にもたらすだけでなく、停滞したエネルギーを高めることができます――完全にリラックスした気分になりたい部屋には理想的な明かりです。

植物

　元気の良い緑の植物は、生きた風水のエネルギー増強グッズで、酸素を放出し、特別な「気」を生み出して新鮮で生き生きとした雰囲気にします。エネルギー活性効果としては、暗い隅に停滞したエネルギーを高揚させ、電化製品の近くに置くと電磁場の悪影響を相殺します。植物には空気中の毒素を取り除く力があり、尖った角のある家具や支柱から発せられる「鋭い気」を覆い隠すこともでき、また長い廊下を速く動き過ぎる「気」の速度を落とすこともできるのです。

　しかし植物の葉の形が重要です。葉の先が尖った植物はその鋭い葉から悪い「気」が放出されると考えられていますから、丸く多肉質の葉の種類のものを選んで幸運な「気」を引き寄せましょう。

　バスルームでは植物は湿気を吸収し「気」のレベルを上昇させますし、台所ではそこに本来ある陽のエネルギーを増強させることができます。しかし、こ

寝室でろうそくを燃やすとこの静かな部屋にロマンティックな気分をもたらします。

れらをコンロの近くに置いてはいけません。なぜなら[木]の要素がコンロの[火]のエネルギーを過度に刺激することになるからです。

　家の中の[木]の要素を高めて強化するためには、植物を東(家族と健康に関連している)と南東(富と繁栄に関連している)に置くことができます。「金のなる木」をあなたの富に関連した部分に置くと、その木の成長具合があなたの幸運を映し出すと考えられています。家の南の隅(［火］、名声と認識を象徴する)に植物を置いてこの部分のエネルギーを増強することもできます。なぜなら5つの要素の循環では[木]は[火]に力を与えるからです。

索引

あ

空箱　75
アクセサリー　36、37
頭の上の梁　46、57、87
新しい家　21
争い　18、20
アルコーブ　36、51、58、72
アロマテラピー　18、24、35
家の修理道具一式　51、53、79
家の中の祭壇　26-27
意思決定　15、66
衣類と靴　17、31、33、34、36-37、
　39、40、43、51、53
色　35、41、47、52、57、62-63、69、
　77、82
陰　33、60、65、77、82、83
ウィンドチャイム　52、87、89
内なる自分　8
裏口　29
エネルギー　気の項を参照
オープンプランの職場　70
　位置　70
　仕事場の環境　68-69
　収納法　72-73
オーラを清める　22、24
思い出の品や記念の品　13、29、75、
　76、78、79
おもちゃ、ゲーム、トランプ　39、40、
　42、75、78、79

か

階段　51、52
解放する　8
鏡　52、63、70、87、88-89
鍵　11、17、53
家庭用洗剤　48、49、64-65
がらくた
　各部屋と各部分の項も参照
がらくた除去　32-85
がらくた除去計画　30-31
　ため込みに関する質問表　17
　評価する　31
　袋に入れる　31
ガラス器と瓶　55、58、59
「気」(エネルギー)　6
　残留エネルギー　18、24
　「鋭い気」　46-47、48、57、69、87、
　　89、90、91、92
　操作しバランスをとる　6、10
　増強する　7、18、86-93
　停滞したエネルギー　8、16、18、
　　25、39、45、51、55、60、67、92
　流れ　6、10、29、33、39、45、50、
　　55、67、75、81、87、92
　ネガティブなエネルギー　18、21、
　　22、23、24、26、45、51、91
教育と知識　15、90
霧を吹く　18、20、21、24、26
空間浄化の儀式　18、22-27
クリスマスの飾り　78、79
車　17、80-83
　色と雰囲気　82-83
　エネルギーの落とし穴　80-81
　収納法　83
　散らかりチェックリスト　83
化粧品の散らかり　17、33、36、37、
　64
玄関と廊下　10、17、28、29、50-53
　色、雰囲気、および照明　52
　エネルギーの落とし穴　50、51
　収納法　53
　設計上の問題　52
　散らかりチェックリスト　51
健康　6、93
コートラック　51、53
香を焚く　18、21、26、27、57
子供　15、38-43、90
ごみ箱　45、47、49、69
ごみ袋　31
コンピュータ　17、34、40、41、42-43、
　67、69、71

さ

財布　17、85
塩　18、21、26
仕事場　54、66-73
　色、雰囲気、および照明　69
　エネルギーの落とし穴　66-67
　散らかりチェックリスト　71
　机の配置　70
写真　58-59
収納法
　車　83
　玄関と廊下　53
　子供部屋　42-43
　仕事場　72-73
　寝室　36-37
　台所　48-49
　バスルーム　64-65
　リビングルーム　58-59
　ロフト　79
照明　35、41、47、52、57、63、69、
　77、92
職業上の成功　14、15、31、61、87、
　88-89
植物と花　63、65、69、87、92-93
寝室　8、32-43、87、91、92
　色、雰囲気、および照明　35、41
　エネルギーの落とし穴　32、33、38-39
　子供部屋　38-43、90
　収納法　36-37、42-43
　散らかりチェックリスト　36、40

索引

人生における望み　14、15、86
新聞と雑誌　17、36、37、51、55、58、59
水晶　69、87、90
水槽　87、91
スポーツ用品　17、51、53、75、78、79
スマッジング　18、20、21、22-23
請求書　51、53
精神の明晰さ　21、66
相続したもの　6、13

た

台所　7、28、44-49、93
　色、雰囲気、および照明　47
　エネルギーの落とし穴　44-45
　滋養を与えるような雰囲気　46-47
　収納法　48-49
　調理器具や調理小物　48
　散らかりチェックリスト　49
　台所の戸棚　45
ダイレクトメール　8、11、51、53
タオルとバスマット　63、64、65
竹笛　87
食べ物
　収納　45、48
　ため込み　46
地下室　29
調理台　45、49
散らかり多発地帯　28-29
対になったもの　87
机　28、51、66-67、70、71
テレビ　34、41、59
電化製品　17、45、49
電磁波ストレス　41、59、69、87、92
富と繁栄　6、14、61、66、87、88、90、93
友達や関わりのある人々　15

な

入浴および美容用品　61、63、64

人間関係　14、15、18、33、34、87、90、91
ネガティブな感情の影響　20

は

ハーブ　18、20、21、22、23、24
拍手　18、21、25
バスルーム　28、30、60-65、88、92、93
　色、雰囲気、および照明　62-63
　エネルギーの落とし穴　60、61
　落ち着いたオアシス　62
　収納法　64-65
　散らかりチェックリスト　63
バスルームの戸棚と洗面ユニット　61、62、63、65
八卦　14、15、31、69、70、86、87、89、90
ハンドバッグ　84
ビデオ、レコード、CD、カセットテープ　42-43、58、59
病気と死　18、21、90
ファイルとファイリングキャビネット　67、68、71、72-73
風水　6、82、83
　色　35、82
　解決グッズと増強グッズ　7、86-93
　診断　14、86
　八卦の項も参照
　悪い風水　57、63
ブリーフケース　17、85
古くなって使えなくなった持ち物　76、77
文房具　73
ベッド　34
　シーツやカバー　34、36、37
　二段ベッド　41
　ベッド下収納　33、35、39、43
変則的な形の部屋　88
ホームオフィス　70
本　36、37、40、42、55、57、58、71、73

ま

水に関するもの　87、90-91
目標設定　8
持ち物への愛着　6、8、12、16
持ち物を減らす　13

や

薬品と救急箱　61、63、64
床面　35、45、61、67
陽　18、34、47、57、59、66、69、80、82、83、87、92
浴槽と流し　61

ら

ラブレター　75、78、79
リビングルーム　28、54-59、90、92
　色、雰囲気、および照明　57
　エネルギーの落とし穴　54、55
　快適地帯　56-57
　家具の配置　56-57
　収納法　58-59
　散らかりチェックリスト　58
冷蔵庫と冷凍庫　45、46、49
廊下と通路　29、92
ろうそく　35、57、59、63、87、92、93
ロフト　29、74-79
　色、雰囲気、および照明　77
　エネルギーの落とし穴　74-75
　再設計された空間　78
　収納法　79
　散らかりチェックリスト　78

わ

ワードローブ　34、37、38-39、43

ガイアブックスの本

インド風水の祭壇アルター

ロビン&マイケル・マストロ 著
谷平 トモコ 監訳

本体価格 2,800円

アルターとは、人生に影響を与えるほど強力な宇宙のエネルギーを導くことができる祭壇。誰でも簡単に神秘の力が与えられる「インド哲学」を原理とした祭壇の創り方を伝授する。

1001の自然生活術

ローレル・ヴコブィック 著

本体価格 2,600円

自分でできる自然療法や美容法、自分で作れる家庭用品の簡単なレシピを満載。市販品を使わず、どこでも手に入る材料を使って対応できる1001の方法。

風水バイブル

サイモン・ブラウン 著

本体価格 2,600円

風水の基本原理から間取りの計画、健康や人間関係、金銭問題など実生活の様々な悩みまで、風水を応用して潜在能力を最大限に発揮するための具体的なアドバイス満載。

ナチュラルな暮し方と生活環境

ロザモンド・リチャードソン 著

本体価格 1,900円

毎日の家事全般に役立つ、天然で副作用のない自然な情報。健康、住まい、食品、リサイクルからペットまで幅広くナチュラルな暮らしをサポート。

---

clearing the clutter
風水ガラクタ整理法

発　　行　2011年7月20日
発 行 者　平野 陽三
発 行 元　**ガイアブックス**
　　　　〒169-0074 東京都新宿区北新宿3-14-8
　　　　TEL.03(3366)1411　FAX.03(3366)3503
　　　　http://www.gaiajapan.co.jp
発 売 元　産調出版株式会社

Copyright SUNCHOH SHUPPAN INC. JAPAN2011
ISBN978-4-88282-804-4 C0077

著　者：**メアリー・ランバート** (Mary Lambert)
　　　　プロフィールは表紙袖を参照。

翻訳者：**越智 由香** (おち ゆか)
　　　　1987年大阪外国語大学イスパニア語学科卒業。訳書に『風水大百科事典』『クリスタルバイブル』(いずれも産調出版)など。

落丁本・乱丁本はお取り替えいたします。
本書を許可なく複製することは、かたくお断わりします。
Printed in China

※本書は、『風水流がらくた整理法』の新装版です。